TEMPO E PRESENÇA NA EDUCAÇÃO

ENSAIOS E REFLEXÕES

Catalogação na Fonte
Elaborado por: Josefina A. S. Guedes
Bibliotecária CRB 9/870

K295t 2019	Kelly, Roberta Ecleide de Oliveira Gomes
	    Tempo e presença na educação: ensaios e reflexões / Roberta Ecleide de Oliveira Gomes Kelly. - 1. ed. - Curitiba: Appris, 2019.
	    185 p. ; 23 cm
	
	    Inclui bibliografias
	    ISBN 978-85-473-2800-9
	
	    1. Educação - Filosofia. 2. Educação infantil. I. Título.
	
	                                                        CDD – 370.1

Livro de acordo com a normalização técnica da ABNT

Editora e Livraria Appris Ltda.
Av. Manoel Ribas, 2265 – Mercês
Curitiba/PR - CEP: 80810-002
Tel: (41) 3156 – 4731
www.editoraappris.com.br

Appris
editora

Printed in Brazil
Impresso no Brasil

Roberta Ecleide de Oliveira Gomes Kelly

TEMPO E PRESENÇA NA EDUCAÇÃO

ENSAIOS E REFLEXÕES

Editora Appris Ltda.
1.ª Edição – Copyright© 2019 dos autores
Direitos de Edição Reservados à Editora Appris Ltda.

Nenhuma parte desta obra poderá ser utilizada indevidamente, sem estar de acordo com a Lei nº 9.610/98. Se incorreções forem encontradas, serão de exclusiva responsabilidade de seus organizadores. Foi realizado o Depósito Legal na Fundação Biblioteca Nacional, de acordo com as Leis nos 10.994, de 14/12/2004, e 12.192, de 14/01/2010.

FICHA TÉCNICA

EDITORIAL	Augusto V. de A. Coelho
	Marli Caetano
	Sara C. de Andrade Coelho
COMITÊ EDITORIAL	Andréa Barbosa Gouveia - UFPR
	Edmeire C. Pereira - UFPR
	Iraneide da Silva - UFC
	Jacques de Lima Ferreira - UP
	Marilda Aparecida Behrens - PUCPR
PRODUÇÃO EDITORIAL	Lucas Andrade
ASSISTÊNCIA DE EDIÇÃO	Suzana vd Tempel
DIAGRAMAÇÃO	Thamires Santos
CAPA	Eneo Lage
COMUNICAÇÃO	Carlos Eduardo Pereira
	Débora Nazário
	Karla Pipolo Olegário
LIVRARIAS E EVENTOS	Estevão Misael
GERÊNCIA DE FINANÇAS	Selma Maria Fernandes do Valle

COMITÊ CIENTÍFICO DA COLEÇÃO CLÍNICA(S)

DIREÇÃO CIENTÍFICA	Roberta Ecleide Kelly (NEPE)
CONSULTORES	Alessandra Moreno Maestrelli (Território Lacaniano Riopretense)
	Antônio Cesar Frasseto (UNESP, São José do Rio Preto)
	Felipe Lessa (LASAMEC - FSP/USP)
	Gustavo Henrique Dionísio (UNESP, Assis - SP)
	Heloísa Marcon (APPOA, RS)
	Leandro de Lajonquière (USP, SP/ Université Paris Ouest, FR)
	Marcelo Amorim Checchia (IIEPAE)
	Maria Luiza Andreozzi (PUC-SP)
	Michele Kamers (Hospital Santa Catarina, Blumenau)
	Norida Teotônio de Castro (Unifenas, Minas Gerais)
	Márcio Fernandes (Unicentro-PR-Brasil)
	Maria Aparecida Baccega (ESPM-SP-Brasil)

Aos que educam, aos que aprendem.

Agradeço, sinceramente...

Aos que me ensinaram no miudinho de cada dia,

A quem me acolheu em cada minuto de cansaço,

Aos que me esperaram em meus momentos de estudo e trabalho,

Meus pais, Jorge e Alfredina,

Sidney,

Jorge e Ulisses.

COLEÇÃO CLÍNICA(S)

A clínica é, por excelência, o espaço em que tempo e presença se fazem condição. É, pois, um lugar de onde se olha/vê o fenômeno que existe a partir de uma construção entre observador e observado. Na contemporaneidade, esta forma de se encontrar com o outro, a clínica, está em desuso, privilegiando-se as possibilidades de evidenciação (exames, imagens, testes, escalas). Com isso, o contato se esvaziou, e as intervenções se formataram; cada vez mais organizadas como protocolos, reforçando a eficiência dos resultados e das evidências.

Quando se abordam as ditas afecções "orgânicas", tal perspectiva se mostra bastante útil. O estabelecimento da história natural da doença para os órgãos é uma situação que, desde a Segunda Guerra Mundial, traz avanços inquestionáveis.

No entanto, quando se trata (d)o sofrimento psíquico, existencial antes de tudo, está-se diante de um desafio: da avaliação das vivências ao invés das evidências. O contexto em que se vive se articula a como e quando se adoece subjetivamente. A retroalimentação entre as condições do adoecimento psíquico e quem adoece impede que se saiba qual o percurso "natural" de qualquer forma de doença mental.

É no exercer clínico, das várias facetas da clínica e de sua observação que se pode vir a saber algo deste sofrimento que, existencial, é psíquico. Estar diante deste sofrimento, escutando-o desde uma técnica e da compaixão (em que se sabe que todo sofrimento é válido), é a possibilidade maior de resistir a tudo mapear, a tudo protocolar, que pode, no limite, esgotar o que de mais absoluto define o humano: sua condenação à liberdade de sofrer de um jeito próprio, singular, particular.

Esta coleção busca cumprir o desafio do paradoxo humano de ser conhecido apenas quando se dá a conhecer diante de seu semelhante. Enquanto humanizar acontecer da forma milenar, na transmissão das ações educativas/ensinativas, assim será.

Podem ser encontradas nesta coleção clínica(s) que venham da educação, da psicologia, da fonoaudiologia, da psicanálise, da medicina, quiçá da arquitetura ou da computação. Mas clínica(s) que se postam, com tempo e presença, diante do fator humano propondo reflexões e práticas que estrategizam o manejo cotidiano do sofrimento; sem proposições prévias ao encontro.

Boas leituras!

Drª. Roberta Ecleide Kelly

PREFÁCIO

Temos uma produção escrita resultante de longa prática subsidiada por reflexões depositadas em conta-gotas no fazer cotidiano de uma profissional inquieta, engajada e capaz de correr riscos como só o fazem aqueles que não cedem aos automatismos das exigências de respostas imediatas, tão comuns nos dias em que vivemos.

Trata-se de uma prática enredada por uma questão guia que cedo se impõe para quem visa a Educação, tendo na Psicanálise seu embasamento conceitual e prático: como exercitar a atividade da educação do filhote de homem, considerando a afirmação de Freud que educar, assim como governar e curar, é uma profissão impossível?

A resposta é apresentada já nas páginas iniciais, indicando como imperativos no processo de cuidar e educar: a **presença do Outro** para promover um encadeamento de ações que permita fazer nascer e florescer um sujeito capaz de desejar, requerendo, para isso, **tempo** ou melhor, **tempo de trabalho.**

Por Outro, conceito tomado da proposta lacaniana, entende-se desde a encarnação das figuras parentais, educadores e demais figuras de importância para um sujeito, bem como o conjunto de significados, hábitos, regras, leis e práticas. Em síntese, dimensões culturais e suas variações espaço-temporais.

Acontece que o conjunto que compõe o campo do Outro não basta para a emergência de um sujeito desejante e ciente da co-responsabilidade de suas ações e respectivas consequências. Por isso, a autora apresenta as variadas concepções do ser criança, do infantil, da educação e do cuidado engendradas ao longo dos anos, até chegar aos dias atuais, quando as responsabilidades para com a criança não se restringem à família, mas também à participação do Estado. Estamos no tempo em que a educação formal da criança tem um espaço designado: a escola. Assim, o Estado, mediante seus agentes e segundo concepções teórico-ideológicas, seja do que é uma criança, seja de como ocorre o processo de aprendizagem; (por exemplo, elabora propostas e programas a serem implementados), estabelece conteúdos a serem transmitidos e resultados a alcançar por aqueles – os educadores, professores – que estão na ponta do iceberg, alvos da visibilidade das operações miúdas do cotidiano.

Encontramos na figura do professor, cuidador, monitor, um sujeito encarnando a função de Outro. Como ele o faz, para além e aquém da vigência das diretrizes curriculares, das propostas metodológicas, dos conteúdos trabalhados, do conhecimento adquirido do e para o seu fazer? Ora, aquém e além está a subjetividade do educador, com seus afetos, modo de olhar, ouvir, cheirar, tocar e pensar as coisas do seu mundo. E nesse mundo, crianças.

O sujeito educador intriga Roberta, que o indaga. Como o educador infantil medeia sua transmissão, o que ele produz, que discurso orienta sua prática? Usando entrevistas sob a abordagem da História Oral de Vida, a pesquisadora indica os eixos categoriais circunscritos no discurso das educadoras, do qual emerge a construção da figura denominada pela autora de "pequeno infante escolar".

O "pequeno infante escolar", uma visão contemporânea da infância relativa à criança pequena, é fabricada segundo o modelo de subjetividade pós-moderna, ancorada nas perspectivas "científica e tecnológica". Deve ser estimulado e preparado para o mercado de trabalho em uma "sociedade neoliberal de seres capacitados e altamente competitivos". Essa sociedade aparelha e agencia as funções de Outro imbuído de "formar" a criança pequena.

Mas a função do Outro, pilar da Educação, pode tanto favorecer a construção de uma subjetividade desejante, quanto de uma subjetividade alienada e dominada. Não à toa, Roberta apresenta os processos inerentes à constituição do sujeito, focalizando nos processos de subjetivação contemporâneos dispositivos que podem conduzir para a patologização e medicalização da infância.

Cabe ressaltar que, no âmbito da subjetividade e nos meandros da presença/ausência e encontros/desencontros do sujeito educador com a criança há o "embaraço" irredutível da não completude humana. Ainda, os encontros que temos, fazemos, parecerão bons ou maus, de acordo com a organização fantasmática de cada um de nós e daquilo que conseguimos produzir dessas interações.

Roberta finaliza seu livro apresentando, expondo e tecendo considerações acerca de seu exercício clínico atual, realizado em equipe, com crianças "aquém da linguagem". Clínica essa orientada pela perspectiva psicanalítica aliada a reflexões embasadas na Sensório-Motricidade, de André Bullinger.

> A linguagem humana não se faz no momento de sua aquisição. Bem antes, aliás, uma criança já é dita. Deste dizer que envolve desde a escolha do nome, aos adjetivos que concernem o pensamento sobre seu devir, às possibilidades de sua existência – nem sempre configurações de fala –, um bebê vem a dizer (com o olhar, com o corpo, com os adoecimentos) acerca de seu lugar diante do Outro; no campo do Outro. Estes primeiros momentos, dos ditos da linguagem, estão contornados pela aposta não anônima, os traços do pertencimento que fazem o campo do Outro diante da criança, acolhendo-a em um colo existencial linguageiro.

Considerando que ali, onde ainda não há sujeito, há inconsciente, a equipe de profissionais, na função de Outro, se dedica a (a)colher os ditos que cingem as crianças aquém da linguagem, apostando que *"...no bebê, há um interlocutor para quem fala e a quem se dirige; há alguém que fala no que diz. Sendo dita e dizendo, é que virá a ser autora da linguagem a adquirir, como criança. E, pois, pode entender o mundo à sua volta".*

Norida Castro
Novembro/2018

SUMÁRIO

2006
EDUCAÇÃO INFANTIL: MISSÃO (IM)POSSÍVEL?
A REPRESENTAÇÃO DA INFÂNCIA NO COTIDIANO
(DISCURSO E PRÁTICA) DE EDUCADORES INFANTIS 19

2016
DA EDUCAÇÃO DOS SENTIDOS: CONDIÇÃO DE EXISTIR 137

2018
PATOLOGIZAÇÃO E MEDICALIZAÇÃO DA INFÂNCIA:
HÁ SOLUÇÕES? 143

2018
PALAVRAS A DIZER:
A AQUISIÇÃO DA LINGUAGEM EM CRIANÇAS
"AQUÉM" DO DISCURSO 157

NEM SEMPRE ACABA QUANDO TERMINA! 169

REFERÊNCIAS 173

INICIANDO...

A educação é o pilar da humanidade. Nada se pode fazer sem o processo ensino-aprendizagem, que não se esgota, não se finda e, em sua (im) possibilidade, é inegavelmente humano.

"Educar, curar e governar" (FREUD, 1925, p. 341) são apresentadas como as três profissões impossíveis. Mesmo na impossibilidade, seriam praticadas, até mesmo pelo autor. Se como profissão, educar é impossível – já que não se conclui – para quem se faz educador, trilhar o caminho nessa direção pode ser considerado como o encadeamento de vários atos cotidianos que apontam para um ideal em sua (im)possibilidade.

Trabalho com educação de várias formas desde a graduação em Psicologia (PUC Minas, 1986). Como educadora universitária na graduação e pós-graduação de psicólogos, fonoaudiólogos, educadores físicos, pedagogos, psicopedagogos. Como psicóloga em instituições escolares (educação infantil e ensino fundamental). Como psicanalista, escutando pais e professores. Como palestrante ou consultora, em inúmeras instituições escolares ou outras oportunidades.

Em cada situação, mais aprendi que ensinei e, sem dúvida, sistematizei conceitos (dentro da teoria psicanalítica) e uma maneira de pensar a educação que implica, dialeticamente, quem educa/ensina e quem aprende. Nenhum dos dois sai ileso desse ato e das ações que compõem o fazer da transmissão de saberes e conhecimentos.

Porém, estudar a educação, no sentido acadêmico, só aconteceu no pós-doutorado em Filosofia da Educação, na Faculdade de Educação da USP, supervisionado pelo Dr. Leandro de Lajonquière, concluído em 2006. É pelo relatório desse estudo, que considero um marco divisório em minha prática como educadora, que esta coletânea começa.

Com algumas revisões e atualizações (principalmente de leis e regulamentações da educação e do ensino no Brasil); mas, basicamente, o que eram as minhas ideias à época e ainda o são – *Educação Infantil: missão (im)possível? A representação da infância no cotidiano (discurso e prática) de educadores infantis.*

De 2006 até 2018, continuo a prática educativa nos lugares indicados, mas, a cada tempo e momento, aumentando a possibilidade de compreensão. Decorrem dessa ampliação de entendimento os textos a seguir.

A educação é inicialmente apresentada como um processo inevitável da transmissão de cultura à qual cabem as relações humanas para se tornarem viáveis – *Da Educação dos Sentidos: condição de existir* – de 2016.

Dos problemas da formalização da Educação surgem efeitos significativos: da pedagogização do cotidiano (regras e normas desde a ciência para orientar como se educa e ensina no dia-a-dia) à psicologização da educação (ditames acerca das teorias do desenvolvimento, de acordo com a ciência psicológica para o fazer escolar e mesmo educacional, em sentido amplo). Em um e outro espaço de educação, em casa e na escola, emerge uma (psico)pedagogia da vida, com grandes riscos ao processo de humanização em si mesmo.

Um destes efeitos é a patologização da infância e, em consequência dos inúmeros diagnósticos que classificam qualquer desvio como adoecimento, a medicalização da infância. O terceiro ensaio, de 2018 – *Patologização e medicalização da Infância: soluções possíveis?* – retoma, sucintamente, a humanização e precisa a não possibilidade de, em sendo humano, não haver problemas. Este ensaio propõe, no lugar do verbete inclusão, o verbete inserção, como estratégia de trabalho diante das ditas crianças especiais.

Finalmente, um pouco de minha prática, na apresentação do Projeto da Criança, em que avaliamos crianças com atrasos de desenvolvimento. Chegam, em sua maioria, com diagnóstico de autismo, mas conseguimos indicar a ausência deste diagnóstico e propor outras possibilidades de condução – *Palavras a dizer: a aquisição da linguagem em crianças "aquém" do discurso* – de 2018. Longe de ser uma solução, este projeto indica pistas de manejo, de lidar com o impasse produzido pela situação líquida de nosso tempo na clínica da primeira infância (primeiro espaço da educação).

Que isto traga novas possibilidades de conhecer e de saber. Sobre as crianças, sobre os adultos e sobre as possibilidades de educação no novo milênio.

2006

EDUCAÇÃO INFANTIL: MISSÃO (IM)POSSÍVEL? A REPRESENTAÇÃO DA INFÂNCIA NO COTIDIANO (DISCURSO E PRÁTICA) DE EDUCADORES INFANTIS

Todo adulto educa uma criança em nome do desejo que o anima.
Leandro de Lajonquière

Introdução

Aos humanos não é dada a condição de um código instintual. Então, são deficientes instintuais, cuja deficiência exige que outro humano, na condição de mais experiente e mais vivido, transmita-lhe as condições de sobrevivência.

Este outro, que, cumprindo função, é nomeado como Outro, é disponível e está disposto a um processo de transmissão que demanda tempo e presença para que aconteça. Gradualmente, no cotidiano da cultura com sua gama infinita de fazeres, cada novo humano é inserido de acordo com as marcas tradicionais de sua comunidade (unidade comum da família) e habilitado a, no futuro distante em cerca de vinte anos, ser mais um que ocupe o lugar de transmissor.

Esta transmissão, que permite a humanização, pode ser nomeada de educação. A educação se faz por toda a vida, pois sempre há o que se aprender para melhor sobreviver, mas tem preponderância no período da infância e adolescência.

Da educação, da transmissão destes saberes, que se faz na e pela linguagem, encontram-se os traços do Laço Social, dado que os seres humanos exigem estar sempre em grupos e em contato. Nada do estar-com-o-outro é tranquilo ou harmônico ou definido. Bem ao contrário, se viver é bom, com-viver tem o custo diário do mal-estar das obediências, das anuências, das divergências inevitáveis à civilização (FREUD, 1930).

O Laço Social é o local dos (des)encontros essenciais entre os humanos que, porém, se orientam em torno da Lei em que *isso não pode!* Algo é ou está proibido para que outras coisas sejam acessíveis (SOLER, 2016). A dimensão da castração, tal como se apresenta na proibição do incesto ou da morte ou do limite de que as coisas não são do jeito que se quer, fazem a Lei que deve ser transmitida. E o é pelo ato educativo.

Compreendemos educação em sentido amplo, que pode ser pensada em duas vias:

> Enquanto EDUCATIO refere-se a ações de criar, amamentar, cuidar, ensinar, instruir e cultivar uma criança, EDUCTIO relaciona-se com a ideia de ductum, cujo significado remete à capacidade de conduzir para fora, fazer sair, tirar de dentro, extrair, dar à luz, produzir, esvaziar, esgotar ou fazer descer. (CAMARGO, 2005, p. 12).

Educatio estaria relacionado aos atos do cotidiano e *Eductio* para as ações advindas dos saberes seculares. Após a Modernidade, o primeiro passou a assumir um caráter de informalidade, no ambiente doméstico e familiar, enquanto o segundo se tornou a prioridade de instituições educacionais escolares, afinizando-se à Pedagogia (como um conjunto teórico específico em conceitos e práticas).

Este trabalho é o resultado de estudos de Pós-Doutorado em Filosofia da Educação da USP e traz reflexões sobre a Educação Infantil, através do discurso e da prática dos educadores infantis. A supervisão acurada de Leandro de Lajonquière permitiu que se chegasse às reflexões críticas que os conceitos psicanalíticos trazem às práticas educativas, como *educatio* ou como *eductio*; ou seja, em casa ou na escola.

A Psicanálise é uma teoria sobre a clínica que, no entanto, faz pensar a cultura. Logo, não se furta a pensar as questões educativas e mesmo pedagógicas. Freud (1925, p. 341) ficou tentado a aliar uma coisa e outra, Psicanálise e Educação, na esperança de resolução de questões e conflitos desencadeados inevitavelmente pelo educar:

> ...não é de admirar, portanto, que tenha surgido a expectativa de que o interesse psicanalítico nas crianças beneficiaria o trabalho da educação, cujo objetivo é orientar e assistir as crianças em seu caminho para diante e protegê-las de se extraviarem.

Desistiu, ao perceber que, da parte dos educadores, era preciso ter o anseio de saber sobre os próprios equívocos, a partir de uma análise pessoal. Da parte dos educandos, que seu aprendizado é resultado das vivências e não das experiências; dependiam, então, das fantasias suscitadas pelo que vivenciava.

Se como profissão, educar é impossível – já que não se conclui – para quem se faz educador, trilhar o caminho nesta direção pode ser considerado como o encadeamento de vários atos cotidianos que apontam para um ideal em sua (im)possibilidade. Esta impossibilidade é da ordem dos manejos possíveis.

A partir de nossa proposta, educar é uma ação (im)possível, em que sua impossibilidade se colocaria em suspenso (e não em resolução), abrindo outros caminhos de possíveis saberes e conhecimentos, no espaço da implicação do desejo de saber sobre o que falta ao Outro; saber derivado nas formas de conhecimento secular. Saber do Outro não é algo que se efetiva, mas é possível bordejar e produzir saberes que encadeiem possibilidades. Ou seja, tomar os limites como parâmetros, como de-limites (que delimitam), abrindo e fechando campos de ação e subjetivação.

A Educação Infantil, tratada somente no âmbito dos saberes científico -pedagógicos e da capacitação técnica de professores, seria impossível. Quem educa, como e por que o faz é o alicerce da Educação Infantil. Voltar-se para este aspecto, da subjetividade do educador também não daria garantias de possibilidade plena à educação infantil; todavia, abriria uma via possível de transmissão e troca de saberes no espaço de criação das relações humanas.

O estudo se justificou pela necessidade de se compreender, mais detidamente, o discurso acerca da Educação Infantil, através dos educadores infantis. O educador infantil está presente em um momento fundamental de constituição do sujeito e é justamente neste momento em que o recurso às técnicas (aperfeiçoamentos e capacitações) pode se fazer mais presente, distanciando-o da relação com sua prática.

Tomar a criança apenas pelo viés de seu potencial ou pela docilização de sua conduta parece ser uma prática limitada. Ir além, considerando que a "boa" educação é a que falha, a impossibilidade mesma de tudo educar, pode contribuir para que os cursos de formação de educadores em Educação Infantil considerem a criança e o ato de educar de outra maneira, reconhecendo a implicação subjetiva imersa nas práticas de conhecer/saber.

Particularmente, este estudo possibilitou a compreensão da criança não apenas no espaço da Educação Infantil, mas também em seus momentos de cotidiano ou de adoecimento, e das relações que o adulto estabelece com ela. Relações estas que pelas representações que sustentam, levam a determinadas práticas, e, circularmente, reforçam as representações existentes.

Tomamos, como ponto de partida do estudo, a subjetividade do educador infantil. Mais especificamente, seu discurso e prática, já que *"a linguagem não tem apenas o poder de nomear algo, ela tem o poder de constituir esse algo, de criá-lo quando o nomeia"* (KUPFER, 2001, p. 37).

No discurso/prática dos educadores infantis, estão presentes as representações da infância intimamente ligadas à subjetividade do educador e que produzem determinadas práticas educativas, de tal maneira que discurso e prática se tornam reflexos da própria identidade do educador infantil.

Como objetivos, este estudo pretendia:

- Investigar as representações da infância no discurso e na prática de educadores infantis;

- Analisar as influências das representações da infância nas práticas educativas dos educadores infantis;

- Compreender os resultados apresentados de acordo com a teoria psicanalítica, analisando as possibilidades e impossibilidades da educação infantil.

Os educadores infantis têm a especificidade de cuidar/educar na esteira do ensino dos conteúdos, dos procedimentos e das práticas. Para tanto, é preciso trazer novas questões para algumas situações específicas, como diretrizes norteadoras:

- A subjetividade do século XXI, cujas características de razão, globalização e consumo desenfreado reforçam a alienação dos sujeitos;

- As particularidades de escolarização entre as crianças de classes sociais diferentes, escolarizando os mais ricos e (des)cuidando dos menos favorecidos;

- As especificidades da criança na educação infantil que propiciam a psicologização da Educação Infantil;

- O lugar do desejo do educador infantil, a ser deduzido de sua subjetividade – marcada pela ideologia de uma época e negada nos cursos de capacitação – que indique as vicissitudes (im)possíveis ao cuidar/educar a criança pequena.

Estas diretrizes foram discutidas teoricamente, dando subsídios à reflexão posterior, decorrente do discurso de educadores infantis. Norteando a reflexão, o trabalho se apresentou em quatro capítulos:

I – Infância e escolarização da infância

II – Psicanálise e educação infantil

III – Educadores infantis: discurso e prática

IV – Conclusão: educação infantil é uma missão (im)possível?

Embora sendo o relatório do Pós-Doutorado, fazemos novas considerações sobre os educadores infantis, mas também sobre os educadores de forma geral, pais e professores. É necessário conhecer, compreender as condições contemporâneas e pensar soluções e saídas; ou, ao menos, maneiras de deslocar e rever posições. Um estudo como esse é em aberto e cria novas e novas possibilidades. Comecemos.

I – INFÂNCIA E ESCOLARIZAÇÃO DA INFÂNCIA

O homem é um ser histórico, que faz história e por ela é tramado. Através de sua historicidade, observam-se as maneiras da subjetivação (processo discursivo de constituição do sujeito), que designam e modelam as possibilidades de ser humano a cada época. Assim, neste primeiro capítulo, esboçaremos algumas reflexões sobre a infância quanto à sua historicidade para chegar à escolarização e à Educação Infantil como aspectos da constituição de uma subjetividade.

Tentemos, antes, delimitar a subjetivação, como processo de humanização, bem como a constituição do sujeito. Ao falar de subjetivação, Corazza (2001, p. 63) argumenta: *"os indivíduos são a matéria sobre a qual se realiza o trabalho de subjetivação. Eles não são nada sem a forma na qual a experiência ética os modela, e não tem verdadeiramente ser, independente deste trabalho de subjetivação".*

Em Mezan (2002), encontramos que a subjetivação é um construto social, que acontece da mesma maneira que outras produções sociais – como a linguagem, as regras de relacionamento, de apresentações de vida e elaboração da morte. Cada ser humano, transformando-se em sujeito de dada cultura, faz-se a partir de determinadas condições de relação e está apto a cumprir a transmissão destas mesmas regras; sendo que nestas regras já se podem entrever até mesmo as possibilidades de sua transgressão.

Logo, *"é por meio das identificações que um dado sujeito se organiza em conformidade com os modelos que sua sociedade lhe oferece, aos quais, por essa razão, cabe chamar de identificatórios"* (MEZAN, 2002, p. 268). Tais modelos de identificação são produzidos pela própria sociedade e transmitidos pela educação dos adultos aos jovens.

Esta transmissão não está condicionada somente aos modelos ou a quem transmite. É necessário que, da parte de cada ser humano, haja um investimento, de acordo com suas próprias características, além das consequências de cada experiência e a soma dos aspectos. Portanto,

> O elenco de modalidades de subjetivação efetivamente presentes num dado momento de uma dada cultura será regido pela variedade de soluções de que a psique dispõe para resolver esses conflitos fundamentais – variedade em parte determinada pelas possibilidades do funcionamento mental em parte pelo leque de opções legítimas (e ilegítimas) oferecido pela sociedade em que o indivíduo nasce e na qual lhe toca viver (MEZAN, 2002, p. 268).

Em termos psicanalíticos, o sujeito é, pois, advindo do entrecruzamento de investimentos libidinais, a partir do campo do Outro (linguagem e discurso). Ambiente movido por variadas questões de determinadas épocas. Pensando em nosso projeto, tal concepção de sujeito indica que, embora tomemos a linguagem como elemento que permite a transmissão da cultura e faça advir o psiquismo, isso não exclui uma gama enorme de versões, de acordo com as modalidades de posicionamento que o discurso provoca.

Esta concepção deve ser compreendida como uma tessitura a muitas mãos, como se o ser humano recebesse, ao nascer, um fio desta trama. O processo de tecer, porém, seria feito "a muitas mãos" – da sociedade, da família, etc. A cada ponto, uma amarração seria dada pelo próprio sujeito, não importando sua idade quanto a esta responsabilidade, mas importando para se pensar a relevância ou não desta ou daquela experiência. O fio que possibilita esta trama é a linguagem.

Então, há uma modalidade de sujeito em porvir na infância (e mesmo na adolescência), que impõe comportamentos, manejos de sentimentos e atitudes que implicam em ser de determinada maneira, consonante a uma história. A subjetivação da criança, tal como a vemos hoje, é – em termos históricos – decorrente do surgimento do sentimento de infância, simultâneo à Modernidade.

Da Modernidade, destacamos algumas características: a racionalidade, a marginalização de tudo o que não for racional e o surgimento de outra forma de troca e produção material (na figura do capitalismo); em outras palavras, a racionalidade, as metanarrativas, a objetivação das ações e atitudes (SANTOS, 2000).

Tais características não se deram repentinamente, mas foram, aos poucos, constituindo-se como nuances e, depois, coloridos fortes. Mesmo hoje, o "bonde da história" caminha e há aspectos em estabelecimento, outros em desaparecimento. Isto é importante para que não se perca de vista a complexidade do fenômeno humano, que inter-relaciona vários e múltiplos fatores, sempre.

Há que se começar por algum lugar. Comecemos por uma das marcas constitutivas da concepção atual de criança e de infância: o surgimento do sentimento de infância.

1. Sentimento de infância: surgimento e Modernidade

Como indicamos anteriormente, cada etapa da vida humana tende a ser vista de acordo com cada época histórica. Na Antiguidade, por exemplo, a infância era compreendida como: *"a) fenômeno universal: todos os homens têm infância; b) fenômeno natural: a infância constitui um momento do ciclo vital; c) fenômeno eterno: existe enquanto existirem os homens"* (OLIVEIRA, 1989, p. 84).

Até a Idade Média, as idades das pessoas eram mais uma referência às alianças do homem com a natureza, eram medidas de acordo com a natureza. Por exemplo, sete idades como os planetas, quatro idades, como as estações, doze idades como os signos do zodíaco ou os meses do ano (OLIVEIRA, 1989).

No momento medieval, de acordo com Corazza (2000, p. 43), o olhar para a criança era como um pequeno adulto a crescer: *"um olhar puro, mudo sem gestos, anterior a toda intervenção, e fiel ao imediatamente sensível"*. Tão logo estivesse preparada para trabalhar, a criança era conduzida às possibilidades de produção material.

Mannoni (1988, p. 138) observa que na Idade Média as relações entre adultos e crianças permitiam que a autoridade pudesse ser exercida para além da parentalidade, pela comunidade: *"a autoridade, na época da comunidade, corria menos perigo de assentar no arbitrário do que nos tempos da família moderna"*. A criança, na família medieval, não precisava se dirigir apenas à parentalidade para se configurar e que *"confinada ao isolamento, a família nuclear burguesa pode, paradoxalmente, ser definida como um lugar de não-encontro"* (MANNONI, 1988, p. 39).

De maneira geral, sempre houve uma percepção de diferença em relação à criança, mas não com um afeto específico a ela dirigido. O aumento da população, a partir do século XVI, e a expectativa de uma vida mais longa nas classes dominantes, consolidariam este novo olhar para a infância, que é o que se chama de *sentimento de infância* (ARIÈS, 1981); ou seja, a infância passou a ser considerada, observada e, principalmente, cuidada como sinal do adulto em potencial.

O sentimento de infância começa a surgir gradualmente, desde o século XIII, e toma força a partir do século XVI. Um dos indícios deste surgimento foi a importância dada à idade e a preocupação com seu registro da idade em retratos e documentos de entradas nos colégios (ARIÉS, 1981; OLIVEIRA, 1989; GÉLIS, 1991; KRAMER, 2003).

Neste momento, o cuidado da criança se fundou em duas atitudes aparentemente contraditórias. Em primeiro lugar, a criança é vista como ingênua e inocente – levando à atitude de paparicação da criança. Em segundo lugar, a criança foi vista como um ser em desenvolvimento, incompleto e imperfeito, conduzindo o adulto à preocupação com a moralização/educação da infância. De um lado, a criança é inocente e, de outro, deve ser corrigida.

Simultaneamente ao sentimento de infância, diz Ariés (1981), veio o *sentimento de família*, garantindo-se neste espaço (familiar) os cuidados da criança pelo adulto. O sentimento de família consolidaria a atitude de moralização/educação, pois *"é preciso preservá-la* [a criança] *da corrupção do meio, mantendo sua inocência, e fortalecê-la, desenvolvendo seu caráter e sua razão"* (KRAMER, 2003, p. 18).

O sentimento de família na Modernidade se inscreveu a partir das diferenças através das quais se considera a criança, criando modificações espaciais. A família se recolheu das ruas e da vida coletiva para o espaço do convívio na casa, pronta à intimidade, protegida dos invasores e intrusos não familiares (ARIÉS, 1981).

A família moderna trouxe, por outro lado, uma diferenciação entre as idades, não mais permitindo que várias idades convivessem em atividades sociais ou nos mesmos espaços íntimos. A criança seria iniciada socialmente não mais na coletividade e sim no espaço escolar (como veremos mais adiante). Desses sentimentos, de família e de infância, e da necessidade de criar a criança para o futuro, compôs-se a ideia de educar com duas condições – cuidar e transmitir saberes em casa x cuidar e transmitir conhecimentos seculares – em casa e na escola, respectivamente.

Em casa, ao cuidar da criança, através das atitudes contraditórias – paparicação e moralização/educação – a família reforçou a natureza do infantil (OLIVEIRA, 1989), homogeneizando a "categoria" das crianças no imaginário social. Criou-se, então, um ideal abstrato de criança, que ignora as diferenças sociais, econômicas e mesmo de cada cultura e características familiares. Se as crianças são iguais em sua natureza, as famílias também são iguais em seus cuidados. Logo, a família também se tornou um ideal, uma "categoria" homogênea[1]. Neste sentido, a Modernidade retoma os ideais da Antiguidade, encarando a infância como um momento natural, como algo dado, e não como resultado de uma condição sócio-histórica, idealizando-a.

O sentimento de família configurou seus membros de maneira a estarem afetivamente comprometidos com as crianças e uns com os outros. Paralelamente, instaurou-se determinada moralidade de vínculos conjugais e parentais, tornando o cuidado das crianças um dever de autoridade da família.

Para consistir ambos os sentimentos, foi necessário que o casal se unisse de forma diversa da Idade Média, em que os casamentos se davam por escolha alheia aos noivos. A Modernidade, com sua condição de liberalidade (cada um pode fazer o que quiser, com quem quiser), trouxe, como base da família, o *amor romântico*, a eleição do interesse de um pelo outro como resultado de uma afinidade ou compatibilidade transcendental.

Do amor romântico, adviriam muitos aspectos que trouxeram mais complexidade como ao processo de educação (tendo-se o filho como ato supremo de amor e dedicação que desemboca, na atualidade, como projeto de vida[2]) e na organização familiar. A partir daí, a separação entre os casais fica marcada pela impressão de fracasso, de erro em relação a esta idealização, fazendo da criança e do adolescente, trunfos de casais em debate, na alienação parental.

---

[1] Desta homogeneização da família, advêm os ideais de maternidade, como instinto materno subjacente à capacidade de ser mãe (ver trabalho de BADINTER, 1985).

[2] Situação questionada por Shriver (2007) em *Precisamos falar sobre Kevin*.

A partir da Modernidade e desta configuração do capitalismo[3], as classes sociais começaram a se distinguir quanto ao poder econômico (produção e consumo). Diversamente da Idade Média, adultos e crianças de classes diferentes não mais partilhariam das festividades e dos jogos e brincadeiras coletivos.

Resultado de um ato de amor, elencada à categoria de futuro melhorado dos pais, a criança moderna e pós-moderna ainda é vista de maneira idealizada. A Modernidade trouxe alterações nos ideais de família e de criança, mas não em igualmente em todas as classes sociais. Kramer (2003, p. 19) refere que *a ideia de uma infância universal foi divulgada pelas classes dominantes baseada no seu modelo padrão de criança*", de acordo com seus critérios de idade e de dependência da criança em relação a seu cuidador adulto.

Para Oliveira (1989), o sentimento de infância acabou por incorporar outros aspectos de relação também quanto aos gêneros. As meninas foram identificadas apenas ao espaço familiar, sendo os meninos encaminhados à escola antes das meninas – de acordo com a relação dominante-dominado, de homens e mulheres, respectivamente.

Esta divisão apareceu nas formas de acesso à escolarização e mesmo às condições de transmissão. As meninas seriam *educadas pela prática e pelo costume*" (ARIÉS, 1981, p. 233) e os meninos começariam a ser escolarizados nas classes medianas, ficando os das classes pobres e os nobres ainda em estado não escolarizado até o século XVII; quando os nobres começaram a ser mandados para as academias.

A organização das relações na família moderna se fez sob o binômio dominante-dominado, tanto na questão dos gêneros como entre o adulto e a criança; esta, a dominada. Mesmo com vários "servos" – preceptor, babá, criados, médico – a criança era tomada como objeto (de estudo, de projeção narcísica dos pais, de intervenção para preparação do futuro adulto)[4].

---

[3] Mészáros (2005) refere que o capitalismo é uma das manifestações do capital. Nesta forma, identificam-se um capital globalmente dominante, produção, consumo e controle de produtos em separado, tendência decrescente de valor de uso das mercadorias, precarização do trabalho e degradação crescente do meio ambiente.

[4] Os "servos" de hoje: médicos, psicólogos, fonoaudiólogos, terapeutas ocupacionais, recreadores e (por que não?) os educadores infantis.

O olhar para a criança, de cuidados e estudos, fez-se acompanhar de teorias de desenvolvimento, propostas e métodos de seu acompanhamento, que desconsideram a historicidade da infância:

> Por baixo da superfície plácida de uma abstração, pululam significações e práticas destinadas à criança e que fazem com que as crianças exibam contornos diferentes em épocas diferentes. Exibam, também, dentro de um mesmo momento histórico, contornos diferentes em extratos diferentes da população de crianças. Considerar este movimento ao pensar a criança é aproximar-se da construção da infância como categoria histórica (OLIVEIRA, 1989, p. 96).

Destarte, a criança passou a ser algo que toma, totalmente, o tempo dos adultos: *"o adulto ocupa-se da criança enquanto a criança é ocupada pelo adulto"* (BAPTISTA, 2003, s.p.). De tal modo que não há como ser uma relação neutra.

A escolarização da infância seria uma das formas de cuidado da criança, cheia de paradoxos e contradições. Assim, a pedagogia teria como tarefa disciplinar e moralizar a criança, para lhe evitar a corrupção e manter a presença de modelos e virtudes válidos. Tais atitudes parecem vir de encontro a ideais racionais e mesmo econômicos, próprios a uma sociedade capitalista que exige trabalhadores e consumidores "úteis e dóceis" (MANNONI, 1988).

Como o sentimento de infância se dá nos dias de hoje? Haveria o mesmo ideal de infância?

2. Pós-Modernidade e Sentimento de infância: fim da infância?

Pós-Modernidade é um tema polêmico desde sua nomeação. Aparecem vários nomes para dar conta das características desta contemporaneidade: hipermodernidade, alta modernidade, modernidade líquida, tardia ou radicalizada. A dificuldade se daria porque as características da Modernidade ainda se fazem presentes.

Dois aspectos sugerem a delimitação que se afasta da proposta da Modernidade: o descarte do ideal iluminista (saber que vem da erudição), em favor da comunicação de massa (rádio, tv, etc.) e a modificação das maneiras como se dá a relação entre as pessoas no Laço Social, marcadas pela fragmentação, pela proliferação de referências.

A Pós-Modernidade é um adjetivo mencionado primeiramente por Lyotard (1986); interessado em compreender as relações entre as sociedades informatizadas e a ciência. Para o autor, a Pós-Modernidade alteraria as regras da ciência, das artes e da literatura.

Aqui abordaremos as condições da Pós-Modernidade e suas influências no sentimento moderno de infância, alterando-o no sentido de um fim (enquanto características de idealização e devoção). Em outras palavras, o fim da infância é o fim do investimento na criança como futuro portador da Lei, inscrevendo-a na dívida simbólica que faz o processo de humanização no modelo moderno e ainda no pós-moderno.

Arce (2001) e Vasconcelos (2005) referem que a Pós-Modernidade traz marcas significativas à prática da educação infantil e mesmo para os educadores infantis – tema de nosso estudo. A Modernidade fez surgir um sentimento singular acerca da infância e a Pós-Modernidade trouxe, de acordo com Francelin (2004), o consumo/a consumição como condição de subjetividade.

Para Francelin (2004), a Pós-Modernidade se inscreve pela diversidade, pela instabilidade e imprevisibilidade, num mundo marcado pela impessoalidade da tecnologia e pela incredulidade em dogmas – reforçando ainda mais o projeto da Modernidade de abolir crenças totalizantes e atemporais em favor da ciência e da verificabilidade.

A sociedade pós-industrial é consumidora e consumista, dando caráter venal a qualquer coisa ou pessoa, inventando-se produtos a cada momento, de acordo com as necessidades do mercado; e não mais com as necessidades de cada um. O consumo de quaisquer produtos estaria avalizado na promessa de bem-estar completo se tal ou qual coisa for adquirida; com extrema sedução e fatores atrativos, o mercado cria as próprias necessidades, sem tradição ou origem cultural (BARBOSA, 2004).

A sociedade Pós-Moderna induz ao consumo e à satisfação imediata sem que haja habilidade ou aprendizado com o produto consumido ou mesmo o esforço para sua aquisição. Porém, a satisfação do consumo, além de imediata, é efêmera, dando lugar à necessidade de outros produtos.

Para garantir o consumo, o mercado faz com que os consumidores vejam todos os objetos como disponíveis, ao alcance de um movimento rápido do cheque pré-datado, do cartão de crédito ou dos carnês e financeiras. Ao mesmo tempo, disfarça o custo deste envolvimento, educando as pessoas para as aquisições que sugerem uma felicidade plena (BARBOSA, 2004).

A identidade "consumidor" se volta apenas para a satisfação e o objeto que se projetam sempre adiante do momento presente. Com isso, o sujeito se torna alguém sem passado, sem motivações anteriores. Isto faz com que o consumidor seja ainda mais cativo de produtos advindos da tecnologia, como as máquinas digitais e os celulares (que saem cada vez mais rapidamente) e mesmo as drogas (lícitas ou ilícitas).

Portanto, a satisfação através das drogas é importante estratégia da sociedade de consumo:

> A sociedade de consumo se caracteriza por ser organizada predominantemente pelas relações de consumo e valores associados, condicionando a produção de bens e serviços. O consumidor, elevado ao status de cidadão de direito, através da recente elaboração dos direitos do consumidor, tem como ideal de vida preponderante sua potência de consumo. O sucesso social e a felicidade pessoal são identificados pelo nível de consumo que o indivíduo tem. O somos o que temos é elevado à condição de ideal social (BETTS, 2005, s.p.).

Betts (2005) articula a reflexão acerca desta condição social aos formatos de discurso propostos por Lacan (1982)[5]; dentre eles, o Discurso do Mestre, de onde derivam o Discurso Tecno-científico, o Discurso Médico e o Discurso do Capitalista.

O *Discurso Técnico-Científico* apresenta ênfase na razão, a tal ponto que assume o lugar de uma divindade. Nada é real até que possa ser fundamentado em princípios científicos:

---

[5] Os discursos, em Lacan (1969/1970), seriam maneiras de apresentar o posicionamento de cada um diante do impossível da relação sexual. São eles o discurso do mestre, o discurso da histérica, o discurso do analista e o discurso do universitário.

> O discurso da ciência se caracteriza como uma linguagem sem fala, o que implica uma exclusão dos significantes que representam e produzem o sujeito para outros significantes da rede simbólica, trazendo como consequência a sociedade dos egos autônomos e a depressão como sintoma social dominante: não há mais lugar para o sujeito. A linguagem sígnica da ciência o reduz a um objeto, entre outros, no real: cobaia, mercadoria ou instrumento do saber do outro. (BETTS, 2005, s.p.).

O discurso científico existe como uma linguagem muda. Não há lugar de enunciação para o sujeito, já que este é considerado um estorvo para o conhecimento científico. Assim, a palavra do sujeito é vazia de desejo, aparecendo apenas *"sua dimensão imaginária de ego receptor e emissor de signos (informação)"* (BETTS, 2005, s.p.).

O sujeito elevado à condição de consumidor – e mesmo de mercadoria – torna-se solitário e sua fala perde a força, em favor de condutas de manipulação e controle. Esta condição cria e retroalimenta as possibilidades de sustentação coletiva:

> A linguagem sígnica que determina a psicologia do homem da sociedade de consumo reduz sua dimensão subjetiva ao registro do imaginário e produz o sujeito narcísico, que joga com as regras do jogo social da forma que melhor lhe permite manipular os outros, ou a si próprio. Com a pulverização dos ideais de eu da tradição, o eu ideal deixa de ser subordinado, sustentado e estruturado pelo ideal do eu (BETTS, 2005, s.p.).

De certa forma, pode-se considerar que o desmoronamento do ideal do eu daria acesso à lei do gozo do Outro não interditado, remetendo-se à ideia de uma sociedade que se satisfaz sem mediação, sem a articulação que a linguagem faz. A ausência de fala por parte do sujeito já era uma condição anunciada por Mannoni (1988) quando falava do lugar do médico, cuja relação com o paciente se faz pela não-escuta dos dizeres do sujeito.

O lugar de mestre ocupado pelo médico é aquele que sabe o que melhor convém a cada um:

> A vida cotidiana é normalizada pelo saber médico, prescrevendo o que cada um deve fazer para conquistar uma vida saudável e feliz, assim como a reconhecer os sinais

> do que é patológico. A palavra do sujeito não é levada em consideração, pois representa o que está excluído do discurso científico. Sua palavra é reduzida à condição de signo que fornece as informações de anamnese necessárias ao ato médico de diagnóstico e/ou acompanhamento do tratamento prescrito. A palavra que representa o sujeito é desconsiderada, pois pode induzir o médico ao erro, uma vez que reintroduz o que foi excluído para a formulação do saber médico (BETTS, 2005, s.p.).

Dessa maneira, a saúde também se torna uma mercadoria, presa das artimanhas farmacêuticas, incluindo-se as questões da saúde pública e mesmo do adoecimento dos menos favorecidos. A indústria farmacêutica não intenta o bem-estar, mas o lucro obtido com a venda ilusória deste bem-estar. Portanto, o bem-estar aparece como efeito colateral possível, embora não visado, adquirido através da medicação somada a técnicas terapêuticas com ênfase na modificação do comportamento, sem que o sujeito consiga se responsabilizar pelo adoecimento; irresponsabilidade agravada pelas desculpas de causa genética ou de marcadores biológicos definitivos.

Para pensar o *Discurso do Capitalista*, Lacan (1982) toma de empréstimo o conceito de mais-valia, desenvolvido por Marx, conceituando-o como o mais de gozar (no caso, o lucro):

> A mais-valia é a causa do desejo do capitalista, e é por isso que ele ignora a palavra do sujeito, seja trabalhador, seja capitalista. Não importa o que o sujeito tenha para falar, mas apenas o que ele é capaz de produzir. O que importa é que a mais-valia seja produzida, o lucro gerado, apropriado e acumulado pelo capitalista (ou pelos acionistas). Nessas condições, trata-se do rebaixamento e do impedimento da palavra do sujeito que trabalha (BETTS, 2005, s.p.).

O marketing entra como mais um instrumento de garantia da montagem perversa do consumo, do lucro e da mais valia. É através do marketing que o sujeito se vê inserido na sociedade, acreditando ser livre para adquirir os produtos.

Através desta nova forma de relacionamento e de troca, *ter para* ser, encontram-se transformações inclusive nas patologias. De acordo com Roudinesco (2000), se as conversões histéricas eram a tônica do século XIX, as depressões e distúrbios ansiosos (como a Síndrome do Pânico) aparecem como mal comum, em que a cura medicamentosa é a possibilidade terapêutica de primeira eleição.

A indústria farmacêutica encontra respaldo na ciência – através das descobertas médico-científicas sobre as doenças e sua prevenção. E também no consumo, pois as drogas se tornam produto a ser adquirido para proporcionar satisfação imediata (alívio da dor, retardo do envelhecimento ou, no caso das drogas ilícitas, sensações diferentes), levando à automedicação.

Não bastassem estas condições, a presença das pessoas (umas com as outras) em dado momento do tempo foi retirada da experiência cotidiana. De todas as reclamações humanas, é a queixa de falta de tempo que se configura mais usual. O tempo é consumido das pessoas que, diante de muitos acessórios, consomem-se.

Estar com o outro é a base onde se assentam a transmissão e a condição de proteção e segurança. Quando o ser humano fica sozinho, isto o coloca em posição desconfiada e defensiva, gerando ataque ao outro; as insígnias da Pós-Modernidade favorecem, em muito, a violência e a intolerância.

Dufour (2005, p. 15) indica a passagem ou transição para uma nova subjetividade *que se faz em nome de um 'real' no qual é melhor consentir que a ele se opor: ele deve sempre parecer doce, querido, desejado, como se se tratasse de entretenimentos*. A violência pode assumir formas *soft* de acontecimento, dissimulando sua presença.

O sujeito pós-moderno traz a seguinte montagem: sem palavra, preso ao imediatismo das sensações (portanto, imaginarizado) e narcísico, na busca incessante do gozo. Em consequência, a morte do desejo, intensificando-se a alienação e o deslocamento de suas questões para o desejo do Outro, deixando-o, circularmente, sem fala.

Podemos articular esta montagem, a partir de Freud (1924), como a maximização da repressão neurótica, em busca de absoluta completude; ao mesmo tempo em que esta aterroriza. Em nome deste anseio (e paradoxo), o neurótico paga caro e se compromete com o impossível gozoso, passando a persegui-lo, reforçando o anseio e o temor.

Sair deste circuito gozoso é dar de encontro com o rompimento com a repetição do sintoma e, necessariamente, suportar a castração; neste sentido, o desejo inconsciente, ao contrário da promessa de satisfação imediata. Na reflexão de Betts (2005), o discurso capitalista aparece sob a forma dos seguintes comandos: Acumula! Trabalha! Consuma e consuma-se! De tal modo este imperativo de gozo se absolutiza que, fora destes comandos, o sujeito tende a se sentir estranho, deslocado, fora de sua época.

Em face destas características, como podemos pensar a infância?

O sentimento de infância produz, na Pós-Modernidade, a infantilização das relações, no sentido da busca da menoridade, da ação inconsequente e da exigência de cuidados constantes – para adultos e crianças. Como exemplo, observamos que esta infantilização traz alguns problemas ao período da adolescência que, longe de ser um momento de transição para a fase adulta, é dilatada no tempo, dificultando a formação da identidade e impulsionando o adolescente para excessos que possam lhe dar algum parâmetro identificatório (nas drogas, nos atos delinquentes, etc.) – o tempo adolescente dura cerca de dez anos ou mais, depende do quanto o jovem consegue ser mantido (por não conseguir entrar no mercado de trabalho).

Na transição para o sujeito pós-moderno, o *fim da infância*:

> O deflacionamento simbólico dos dispositivos pedagógicos modernos – a família nuclear burguesa, a escola republicana e demais aparelhos ideológicos dos estados nacionais – implica no desaparecimento da infância ou, melhor dizendo, no esgotamento antecipado do usufruto do tempo da infância por parte desses seres pequenos que temos o hábito de chamar de crianças (LAJONQUIÈRE, 1999, p. 12).

Na visão de Corazza (2000), ao invés de ser objeto de cuidados, a infância se tornou espaço de invasão. A autora identifica o fim da infância à perda de privilégios da criança, através do excesso de leis e instituições e associações de cuidado. Em tais lugares, haveria um excesso de modelagem do adulto, expropriando a infância da criança e desajustando o adulto, enquanto violências, exploração, assassinatos, prostituição, etc.

A infância sem fim – infantilização generalizada, pedagogização da vida e psicologização da escola –, paradoxalmente, emerge dessas mesmas condições, delimitando as formas de controle e de cuidados para as crianças. Para "dar conta" da infância sem fim, seria preciso mudar as relações: *"inventar, de A a Z, uma relação, uma ética e um modo de vida com os infantis, ainda indizíveis [...] onde acaba uma determinada condição histórica de infantil, precisamente aqui, uma nova história da infantilidade começa"* (CORAZZA, 2001, p. 73).

Mudar as relações, porém, implicaria em que se conhecessem as condições de alienação na busca incessante pelo bem-estar e a plenitude das sensações prazerosas – dentre elas, a ilusão de que a criança vive o que o adulto sempre quis. E esta mudança, necessariamente, deveria passar pela reflexão acerca de um fazer cotidiano que se apresenta cada vez mais "poluído" com referências técnicas e de aconselhamento sobre como se deve ou não conduzir a vida, a saúde, as crianças, etc, que não são efetivamente viabilizadoras do cotidiano, mas impedidoras.

Partindo deste exagero técnico, Kohan (2003) o explicita no preenchimento excessivo deste período da vida com saberes, objetos e informes cognitivistas e desenvolvimentistas; ao invés de se conceber a infância como experiência, estando-se aberto à novidade de cada momento e ao desdobramento desta novidade no tempo. Isto permitiria em não idealizar a infância nem infantilizar a sociedade. Como transformação para esta condição de morte à infância, o autor propõe o estudo da Filosofia com as crianças; o que também faria com que os educadores refletissem sobre sua prática.

Como toda criança exige cuidados e proteção, isso convoca os adultos a criarem maneiras de cumprir esta demanda. Em função de suas próprias defesas, o adulto passou a evitar quaisquer condutas que impliquem em sofrimento para a criança; condutas que seriam tidas como traumatizantes; no espaço familiar ou mesmo escolar. O processo educativo/ensinativo que parametriza esses cuidados é, no entanto, cheio de enigmas, de marcas aquém ou além da medida e que a criança nem sempre compreende – vai depender de cada momento de vida. Logo, os traumas (repetições em torno de situações não nomeadas) são inevitáveis.

Com esta promessa do "bem-fazer" com as crianças, na escola e em casa, a criança parece se tornar credora daquilo que os adultos não tiveram, justificando-se a tirania dos pequenos ao exigirem cada vez mais, a ponto de alguns pais passarem mais tempo trabalhando para dar coisas às crianças do que estando com elas. Além disso, o adulto faz com que a criança venha a acreditar neste futuro ideal: *"o adulto passou a esperar que a criança viesse a usufruir no futuro esse outro mundo terreno, mas também se dedicou a instalar na cabeça dela o sonho de sua possibilidade"* (LAJONQUIÈRE, 2003, p. 149).

Na Pós-Modernidade, todos os educadores, por serem adultos, e fazerem parte desta mesma subjetividade, por carregarem a própria infância recalcada e idealizada, buscam trazer à tona as práticas educativas apenas sob a ótica do prazer, do gostoso e do divertido, através de atividades lúdicas e não traumatizantes (outras versões do bem-estar perene). Este fato também se construiu historicamente, como veremos acerca da escolarização da infância.

3. Escolarizando a infância

A escolarização[6] sempre existiu, mesmo antes da Modernidade, para configurar ofícios e profissões, como a dos clérigos, sendo os valores e o conhecimento transmitidos diretamente de uma geração à outra, assim como pela experiência do ofício. De acordo com Ariés (1981), os mestres e educadores fora da família ensinavam o ofício aos mais jovens, na qualidade de servos e aprendizes.

O que se vê como fato simultâneo ao aparecimento da escolarização da criança é que a abstração da infância, colocando-a no lugar do sonho e do ideal, acabou por afastar ainda mais as experiências entre adultos e crianças. Corazza (2000) responsabiliza a pedagogia ocidental por reforçar este distanciamento, ao criar uma *Idade de Ouro do Infantil*, na escola, escamoteando suas contradições e conflitos.

A autora se detém no século XVIII como momento de maior ênfase de "criação" desta abstração da infância: *"Foi para este pequeno outro que o século XVIII principiou a constituir um mundo à altura – irreal, abstrato, arcaico – com regras pedagógicas adequadas a seu desenvolvimento, objetivando preservá-la do mundo conflitivo dos adultos"* (CORAZZA, 2000, p. 25).

---

[6] Como institucionalização da transmissão de um conhecimento.

De início, a primeira infância (até cinco ou seis anos) era o período fora da escola; às vezes, este período se estendia até nove anos. Depois, sucedia-se a infância escolar, entre nove e dez anos ou pouco antes. *"Se a escola fazia-se divisor de águas entre a primeira infância (a que ficava fora da escola) e a infância escolar, não configurava no seu interior a identificação de todos os escolares como crianças"* (OLIVEIRA, 1989, p. 87)[7].

Nos primeiros tempos da escolarização da infância, não havia classes por idade e nem todas as crianças estavam na escola, mas somente aquelas de classe mais abastada. Para as crianças pobres, a escola só viria como ato de generosidade e misericórdia dos mais ricos.

"A criança moderna é uma criança indissoluvelmente ligada ao escolar, que lhe atribui o lugar social, a inserção social, é o que a constitui, o que lhe dá identidade" (KUPFER, 2001, p. 36). A escola se torna espaço específico da criança após o surgimento do sentimento de infância (e de família).

Escolarizar a criança é tirá-la do convívio com o adulto, protegendo-a da corrupção daquele, como causa e consequência do próprio sentimento de infância (NARODOWSKI, 2001). Os primeiros momentos de escolarização da infância se fizeram à moda dos monastérios, com internação dos alunos e condições de contemplação e hierarquia rígida entre professor e aluno. Nos colégios organizados pelas Companhias de Jesus (jesuítas), via-se *"uma dada intolerância para com a diversidade, através de obsessiva preocupação para edificar códigos de conduta civil padronizados e uniformes"* (BOTO, 2002, p. 32).

Os colégios religiosos foram os modelos das escolas entre os séculos XV e XVII, sendo que os alunos eram protegidos da realidade mundana na mesma proporção em que os clérigos precisavam, eles mesmos, desta proteção. Aos poucos, com a vinda de docentes não religiosos, observou-se uma preocupação tanto com a formação como com a instrução do educando, sem distinção, com grande ênfase na disciplina (ARIÉS, 1981).

De acordo com Fernandes (1994), a escolarização laica (substituindo os colégios de inspiração religiosa) introduziu a moralização das crianças na

---

[7] O surgimento das escolas no século XVI se fez sob a marca de uma educação patriarcal, pautada na disciplina; a qual adviria de uma aprendizagem socializada pelo meio escolar, entre 07 e 12 anos (REVEL et al, 1991).

escola, fora do âmbito familiar. Gradativamente, *"a escola afirmou-se como uma das instituições através das quais são recriadas as significações nucleares da própria Modernidade"* (FERNANDES, 1994, p. 11).

Há, pois, uma coincidência entre a infância e o escolar, entre a escola e o espaço oficialmente reconhecido para a educação e entre esta oficialização da educação e a pedagogia. A Pedagogia se aliaria à Medicina e seus instrumentos, como a observação, para homogeneizar as crianças em classificações, normalidades e anormalidades.

Portanto, a partir desta aproximação Pedagogia/Medicina, o espaço da escola em muito se assemelharia ao da enfermaria, objetivando o fenômeno criança-aluno, *"transformando-o em foco de sua observação e investindo seu corpo de poder, ao tomá-lo como objeto de saber"* (CORAZZA, 2001, p. 44).

O que é observado e visto (nas crianças e na infância) é determinado pelas teorias desenvolvimentistas e prospectivas sobre a infância, mas reforça, retroativamente, tais teorias, subsidiando ainda mais a criança e a infância como abstrações. As teorias e os métodos – sobre a infância – estariam relacionados às intervenções na família burguesa, da industrialização e mesmo do capitalismo globalizado atual, para produzir, pedagogicamente, formas de manejo e condução dos seres humanos desde seus primeiros tempos, na infância.

O manejo se dá, hoje, via produção científica (discurso médico-científico), aproximando Pedagogia e Psicologia como se fossem disciplinas naturalmente afins:

> Neste sentido, observamos que há uma (psico)pedagogização das experiências educativas – tanto familiares quanto escolares – que não é outra coisa que o corolário desse processo de psicologização da reflexão pedagógica moderna. Justamente quando se dá esse inflacionamento psicopedagógico, o operador que está implicado no ato educativo – o operador subjetivante – se degrada (LAJONQUIÈRE, 2002, p. 25).

Nas proposições (psico)pedagógicas, educar torna-se uma condição embutida no ensinar. Os educadores, pais e professores, diante das crianças, ou psicologizam o espaço escolar ou pedagogizam o cotidiano. Conhecimentos da Psicologia e da Pedagogia se fundem e determinam os fazeres em qualquer situação, engolfando-se qualquer possibilidade de posicionamento singular, autoral ou, principalmente, responsável.

Para manejar e conduzir as vidas humanas, segundo Foucault (1988), são necessárias várias formas de intervenção e de regulação dos corpos – o **biopoder**:

> Este bio-poder, sem a menor dúvida, foi elemento indispensável ao desenvolvimento do capitalismo, que só pôde ser garantido à custa da inserção controlada dos corpos no aparelho de produção e por meio de um ajustamento dos fenômenos de população aos processos econômicos. Mas o capitalismo exigiu mais do que isso; foi-lhe necessário o crescimento tanto de seu reforço quanto de sua utilizabilidade e sua docilidade (FOUCAULT, 1988, p. 132).

Tais estratégias de controle só são possíveis através do desenvolvimento dos *Aparelhos de Estado* que, sendo instituições de poder, garantem a manutenção das relações de produção, as regras de controle do corpo, *"como técnicas de poder presentes em todos os níveis do corpo social e utilizadas por instituições bem diversas (a família, o Exército, a escola, a polícia, a Medicina individual ou a administração das coletividades)"* (FOUCAULT, 1988, p. 132)[8].

Nada disso seria possível sem o estabelecimento de dispositivos para agenciar este controle:

> Um conjunto decididamente heterogêneo que engloba discursos, instituições, organizações arquitetônicas, decisões regulamentares, leis, medidas administrativas, enunciados científicos, proposições filosóficas, morais, filantrópicas. Em suma, o dito e o não dito são os elementos do dispositivo. O dispositivo é a rede que se pode tecer entre estes elementos. (FOUCAULT, 2000, p. 244).

Neste sentido, o que se fala, o que se diz, o que não se fala ou não se diz, tudo influencia nas tramas do cuidado e educação cotidianos. Tudo se faz (e se controla) através de ações sobre ações (microlutas) imperceptíveis por serem entranhadas na cotidianidade dos acontecimentos. O corpo, então, passa a ferramenta biopolítica, desde a base; desde, pois, a educação.

---

[8] Questões impostas por uma sociedade moderna que se pretende eficaz, saudável e produtiva, normativa e escolarizada. Na sociedade pós-moderna, acresce-se a exigência do consumo/consumição.

TEMPO E PRESENÇA NA EDUCAÇÃO: ENSAIOS E REFLEXÕES

Da heterogeneidade deste conjunto, encontram-se a Medicina, a Pedagogia e a Psicologia, conduzindo os corpos, as maneiras de ser, de fazer, de estar com o outro, de pensar e de se comportar. Como dispositivos disciplinares, agem cotidiana e imperceptivelmente, controlando de forma variada de acordo com as classes sociais.

Em outras palavras, Corazza (2001) identifica condições de controle nas relações invisíveis, não menos presentes, entre a escola (pedagogia), a enfermaria (saber médico) e o espaço jurídico (direito) – entre o aluno, o doente e o criminoso. Ao se relacionar com o aluno através das normas (disciplina), a escola se justificaria (em seus métodos de controle e coerção) na necessidade de responder às seguintes questões: *"qual medida tomar para que seja apropriada? Como prever a evolução do sujeito? De que modo será ele mais seguramente corrigido?"* (CORAZZA, 2001, p. 52).

A partir dos instrumentos da Medicina, principalmente a observação e a descrição, a Pedagogia faz surgir uma determinada ideia de infância: o infantil-escolar – é fruto da vontade de saber e poder, de uma *"sociedade burguesa, judaico-cristã, eurocêntrica, colonialista"* (CORAZZA, 2001, p. 54). Marcada por ideais de "utilidade e docilidade" (FOUCAULT, 1988; MAN-NONI, 1988), a escolarização moderna da criança se faz como uma "quarentena de cuidados" (BACHA, 2002a; 2002b) que define a infância a cada época, variando-se um detalhe aqui ou ali. Um destes detalhes se refere à influência de fatores socioeconômicos.

Fernandes (1994, p. 13), para indicar uma destas influências, diz que, a partir da quebra da bolsa de Nova York em 1929, surge o *"Estado do bem-estar, reconhecendo direitos de cidadania coletiva – educação, saúde, segu-ridade – duramente conquistados pelos trabalhadores"*. A escolarização passa a se identificar como espaço de promoção de condições de saúde mental, bem como de prevenção da doença mental.

Kramer (2003) assinala que, nas décadas de 1930 a 1980, deu-se a assimilação da criança aos saberes médico-pedagógicos, com ênfase na culpabilização das famílias para justificar os problemas com a infância. De início, a culpa adviria da falta de cuidados básicos (higiênicos e físicos) para, posteriormente, ser atribuída às famílias a responsabilidade exclusiva pelos males psíquicos e mesmo escolares das crianças; agora com respaldo da Psicologia e da Medicina, representantes científicos irrefutáveis.

Na atualidade, com a perspectiva de um estado neoliberal capitalista[9] (e a nova roupagem do conservadorismo enquanto politicamente correto), a repressão é ainda maior, assim como o são as promessas de distribuição de renda e das possibilidades indicadas pelas propostas que faz. Nos países de capitalismo avançado, a sociedade se reduz a lobbies (ganhar mais) e hobbies (gozar mais). Neste sentido, Fernandes (1994) argumenta que a escolarização para todos (na forma da escola pública) é um direito coletivo ameaçado pelo Estado do bem-estar, o qual se orienta pelo viés do dispositivo (psico)pedagógico disciplinar – voltado à manutenção do *status quo*.

Embora Fernandes (1994) se refira à escola pública, podemos pensar que esta ameaça também está presente na escola privada, em que a criança é vista apenas como consumidor, de roupas e brinquedos, mas também de técnicas de aprendizado e condições de cuidado de sua saúde; advindas da Medicina ou mesmo da Psicologia, da Fonoaudiologia, da Fisioterapia, etc. (GHIRALDELLI JR., 2002; MARRACH, 2002)[10].

Embora acene com a bandeira da cidadania e da solidariedade, a sociedade pós-moderna age, cotidianamente, estimulando a competição entre os indivíduos. Para tanto, estabelece ênfase nas características individuais, simulando diferenciação; que, longe de destacar as particularidades, homogeneíza os indivíduos pelas mesmas características que valoriza.

A escolarização (ou pedagogização) da criança em tempos modernos, neoliberais e globalizados buscaria eliminar tanto as diferenças quanto as incongruências próprias ao mal-estar de ser humano, desejante (de escolhas) que é. Para se distanciar desta homogeneização, a educação escolar deveria ser alicerçada pelo *"reconhecimento da impossível realidade do desejo"* (LAJON-QUIÈRE, 2002, p. 121); deixar faltar para vir a se desejar. E, ao que parece, a falta motivadora do desejo é algo a ser abolido do discurso pedagógico.

---

[9] Retomaremos a questão do neoliberalismo e suas influências de maneira detalhada no próximo item.

[10] As escolas particulares, aliás, mostram-se mais controladoras, pois todos os conteúdos e práticas se fazem com vistas aos vestibulares e ENEM (Exame Nacional do Ensino Médio), garantindo-se os primeiros lugares para acesso às universidades. Isto se faz em detrimento da escolarização para a coletividade e para a convivência.

Uma das formas de abolição do desejo é o *fundamentalismo psiconatural*, nas palavras de Lajonquière (2002), respaldado pela ciência. Numa ênfase ao individual, ao potencial de cada um, a escola tende a suprimir, também, o coletivo que faz conhecer de maneira mais significativa. O espaço coletivo daria sentido, acolhendo e preservando as possibilidades de reconhecimento do desejo. Saindo da coletividade, focalizando o uno, indivisível, vemos cada criança desamparada e sozinha, incapaz de buscar amparo no grupo para descobrir-se, uma descoberta que está além do potencial e das "técnicas de adestramento".

Radel (2018, p. 109) ressalta a atualidade do biopoder nestas técnicas e sob outros indícios:

> Novíssimas práticas, mais sutis, de adestramento e submissão pela via do remédio, especificamente dos psicofármacos, e das terapias cognitivo-comportamentais em nome de uma biologia erigida em um sistema totalizante e que assume na sociedade o lugar e a posição do dogmatismo religioso.

Romper com estes ideais pedagógico-científicos seria possível apenas se o monopólio do saber médico pudesse ser analisado mais profundamente:

> O que em nosso sistema (de monopólio administrativo da "assistência") merece ser denunciado é o modo como tende a fazer do médico o fiador da manutenção da instituição. Nada poderá ser empreendido no domínio da psiquiatria e do ensino se não se começar por uma contestação radical do monopólio médico, pedagógico e administrativo, fonte de todos os abusos de poder (MANNONI, 1988, p. 15).

Os saberes médicos, enquanto discurso científico que diz o que acontece na relação adulto-criança, dominam as produções linguageiras de pais e educadores. Neste domínio, haveria uma cegueira disseminada para o que a criança pensa/diz/faz, em favor de diagnósticos estabelecidos para a abstração das doenças, nas formas classificatórias do CID 10 (1993) e do DSM V (2014), gerando cuidados específicos apenas para as crianças laudadas (portadoras de laudos que, na esteira das *fast coisas* apareceriam após cinco, dez minutos de avaliação)[11].

---

[11] Ver o primeiro ensaio de 2018, a respeito dos diagnósticos, psicopatologização e medicalização da infância e adolescência.

Voltando ao tema, não bastasse escolarizar os maiores, a pedagogia se volta aos pequenos, principalmente pela pressão mercadológica, que faz da mão de obra feminina a mais requerida. Para cuidar das crianças, então, as creches e as escolas de educação infantil se fazem urgentes; de tal maneira que a Educação Infantil se torna um "mal necessário".

Os bebês e as crianças pequenas são levados à escola tão logo a mãe retorne ao mercado de trabalho. Não só nestes casos, mas também quando há, da parte dos pais, a ideia de que precisam conviver com outras crianças e que ficariam defasados, se fossem escolarizados mais tarde. A escola, pois, se arrogaria os direitos de estimular as crianças, ensiná-las e diagnosticá-las, nos momentos em que não respondam satisfatoriamente aos estímulos e ensinamentos.

Pensemos sobre a Educação Infantil...

4. Escolarizando precocemente: Educação Infantil

Ao falarmos de Educação Infantil, estamos indicando as formas oficiais de cuidado e escolarização das crianças menores que 06 anos, tanto na rede pública como na rede particular de ensino. Esta oficialização se faz tanto no sentido da assistência como no da educação/pedagogização, considerando-se desde as crianças abandonadas e/ou em vulnerabilidade social, até às provenientes de classes mais privilegiadas.

Para chegarmos à reflexão da situação da escolarização precoce, é importante, mais uma vez, conhecermos sua história, bem como sua regulamentação. Assim, poderemos avaliar o sentido da Educação Infantil e sua inserção no conjunto das práticas escolares.

4.1. Um pouco de história...

A Modernidade instaura outro sentimento de infância, e vemos que, na atualidade, surge outra delimitação, relativa à primeira infância. Esta delimitação não é homogênea em todas as classes sociais, mas parece atrelada à "criação" da Educação Infantil e suas vicissitudes.

A história da Educação Infantil está entrelaçada ao surgimento da industrialização, da família nuclear e mesmo da trajetória da mulher em direção ao mercado de trabalho. Logo, ao se falar das maneiras de cuidado e escolarização da criança pequena, está-se tocando vários temas sociais de grande complexidade.

O termo Educação Infantil surge após a Constituição Federal, de 1988, e outros documentos[12], que irão organizar a assistência à infância, tanto na área da saúde como na da educação; servindo de parâmetro para todas as classes sociais. As creches e as pré-escolas (maternais, jardins de infância) são reunidas sob o nome de Educação Infantil, sem distinção (KUHLMANN JR., 2004; CERISARA, 2002a).

No imaginário social, porém, ainda permanece a diferenciação entre creches e pré-escolas de acordo com a classe social (creches para os menos favorecidos, escolinhas ou escolas para outros), além de se caracterizar a creche como lugar mais de assistência que de educação/pedagogização[13].

Assim, Ferranti (2001, s.p.) observa que:

> O termo pedagógico será utilizado apenas para as pré-escolas e jardins da infância que em muito se diferem da creche, principalmente no que tange a sua clientela. Destinada aos filhos das famílias ricas, esta diferença acentua e garante o fosso social que separa ambas. Embora haja mudanças no discurso que versa sobre a creche, há um aspecto que persiste desde seu nascimento, está na sua origem: é um equipamento destinado às classes pobres e que deverá suprir a ausência materna, oferecendo o que, a partir das Luzes tornou-se naturalizado: a maternagem como manifestação do amor. Qual a possibilidade de um educador de creche amar a cria alheia?

Amar a cria alheia é cuidar dela, mais que ensinar. Rousseau (1973) trouxe o conceito-criança como idealização a ser conquistada, através das fases de desenvolvimento. De sua perspectiva, surgiu a cultura infantil, *"mitologia da infância pura, a salvar da contaminação pelos adultos [...] a criança*

---

[12] Lei sobre o Sistema Único de Saúde (SUS, 1990), Estatuto da Criança e do Adolescente (ECA, 1990), Lei de Diretrizes e Bases da Educação Nacional (LDB, 1996).

[13] Cerisara (2002a) enfatiza que, embora seja direito de todas as crianças, há locais em que são acolhidas nas creches apenas as crianças filhas de mães trabalhadoras – ou de baixa renda.

precisa aprender a aprender" (MANNONI, 1988, p. 43). Da *criança ideal,* chegou-se ao *ideal de educação* que, desde a Pedagogia, coloca as crianças – já pequenas – diante de um trabalho de construção; não necessariamente adequado à própria criança, em seu tempo e faixa etária, mas com vistas ao seu devir adulto e portador da Lei.

A partir do século XVIII, então, a infância se apresentou como algo de grande significação, reforçando os sentimentos de infância e de família. Com o avanço da Medicina, mais crianças puderam sobreviver para que este trabalho de construção de ideal na precocidade passasse à categoria de exigência.

As primeiras instituições de assistência à infância em nada diferiam dos asilos e internatos e se voltavam muito mais para as crianças desassistidas – abandonadas pelas mães ou muito pobres –, que eram cuidadas por caridade ou favor dos mais privilegiados ou mesmo as entidades filantrópicas.

Buscava-se dar soluções à pobreza, aos maus-tratos e abandono de crianças pequenas, cujos pais haviam sido absorvidos como mão-de-obra pela Revolução Industrial (nas minas, fundições e fábricas). O primeiro relato sobre creches data de 1770, na aldeia de Bain de La Roche, onde um pastor de ovelhas cuidava das crianças cujas mães trabalhavam o dia todo:

> A Escola de Principiantes ou Escola de Tricotar, criada por Oberlin em 1769, na paróquia rural francesa de Ban-de-la-Roche, tem sido reconhecida como a primeira delas. De acordo com os seus objetivos, ali a criança deveria: perder os maus hábitos; adquirir hábitos de obediência, sinceridade, bondade, ordem, etc.; conhecer as letras minúsculas; soletrar; pronunciar bem as palavras e sílabas difíceis; conhecer a denominação francesa correta das coisas que lhe mostram (o uso do patois, dialeto regional, era proibido); e adquirir as primeiras noções de moral e religião. (KUHLMAN JR., 2005, s.p.)

Embora os protestantes do século XVIII defendessem a educação para todos, concordando com a criação de escolas e creches, não acreditavam na possibilidade de educar os mais pobres. A ideia era dar conta da pobreza e não a de dar chances de melhoria para os pobres. O assistencialismo (na forma de cuidar para garantir a sobrevivência física – alimentando e vestindo) e o paternalismo (de cunho protetor e controlador) em relação à classe trabalhadora estariam presentes nas primeiras práticas escolares das crianças pequenas – e ainda hoje estão.

Uma das instituições marcantes foi a *Infant School Society*, criada por Samuel Wilderspin, em Londres, 1824. Sua proposta era de uma instituição para crianças dos dois aos 11 anos, baseada numa ideia de ensino a várias crianças com um monitor (uma criança maior) que passava os exercícios designados pelo professor. Este modelo – também chamado de *método lancasteriano* ou *método mútuo* (FARIA FILHO, 2000) – influenciou a criação de outras instituições semelhantes (KUHLMAN JR., 2005).

Hage (1997), Cerisara (2002a) e Kramer (2003) indicam que, de maneira institucionalizada e no sentido da escolarização aos menos favorecidos têm-se alguns exemplos marcantes da Europa: Fröebel na Alemanha (criou os *kindergarten* nas regiões pobres), Maria Montessori na Itália, McMillan na Inglaterra (voltando-se para a educação dentária e a assistência médica das crianças).

Destacamos aqui o papel de Fröebel que, a partir da criação dos *kindergarten*, em 1840, é considerado como o primeiro a propor uma instituição pedagógica infantil, com fundamentação e materiais:

> Os jogos e ocupações concebidos por Fröebel para a educação das crianças, produzidos em sua fábrica de brinquedos, o KINDERGARTEN BESCHÄFTIGUNGS-ANSTALT, constituíram um componente material, mercantil, de propaganda da instituição, além dos seus escritos, das associações educacionais e dos cursos de formação de professoras jardineiras. Os dons fröebelianos, a esfera o cilindro e o cubo, inteiros ou seccionados, foram vendidos em lojas, como jogos de construção para as crianças usarem no seio das famílias. (KUHLMANN JR., 2005, s.p.)

A ideia de que a creche era um lugar melhor que a casa permeou a Europa, a ponto de Firmin Marbeau, em 1844, acreditar que somente as creches e escolas maternais poderiam proporcionar as melhores condições de desenvolvimento à criança, a partir da ênfase nas brincadeiras e jogos e por permitir a socialização de maneira mais intensa: *"os responsáveis pelas creches queriam, por meios dóceis, indiretos, formar seres adaptados à sociedade, satisfeitos com o seu destino, para a preservação da ordem social e a reprodução dessa ordem para sempre"* (KUHLMANN JR., 2005, s.p.).

O surgimento das creches e a luta por elas se mostraram mais ou menos necessárias de acordo com os interesses dos grupos sociais (patrões, empregados, sindicalistas) ou com momentos histórico-sociais específicos (como as guerras) ou com os ideais sobre o papel a mulher (que deveria ficar em casa e cuja saída para o trabalho se daria apenas pela necessidade financeira). Neste último caso, de acordo com Oliveira (1992, p. 18), as creches seriam *"um paliativo, um mal necessário"*.

Para Gomes (1990) e Santana (1998), não se pode isolar as discussões socioeconômicas das lutas pela escolarização da criança pequena. Estas lutas respondem a outros interesses, para além da criança:

> A história demonstra que a creche esteve muito imbricada com interesses outros, que não apenas a criança. Por exemplo, em tempos de guerra, momento em que os homens tinham que se ausentar da família a fim de lutarem e as mulheres eram obrigadas a trabalhar fora do lar para garantir o sustento da prole, havia um incentivo à construção de creches e elas eram criadas em grande número. Entretanto, quando findava a guerra, com a morte de muitos homens, as creches eram fechadas e havia um estímulo para que as mulheres procriassem com mais intensidade para repor os soldados mortos (SANTANA, 1998, p. 44).

No Brasil, a experiência mais antiga no cuidado de crianças pequenas se refere à catequização de crianças indígenas pelo Padre Anchieta (SANTANA, 1998). Paiva (2000) diz que as escolas jesuíticas se preocupavam em ensinar a ler, escrever, contar e cantar, para facilitar o processo de colonização – para os índios, os gentios e cristãos. Os colégios, além desta função, também se detinham na formação de missionários. Para os colonizadores, a única realidade era a portuguesa; portanto, era nela que se pautavam os ensinamentos.

Outra referência brasileira à assistência para a criança está na "Roda dos Expostos", um dos mecanismos de *"poder-saber do dispositivo de infantilidade"* (CORAZZA, 2000), que aconteceu não só no Brasil, igualmente na Itália, França, Alemanha e Portugal. A primeira Roda no Brasil foi criada em Salvador, em 1726. A segunda, em 1738, no Rio de Janeiro e a última em Recife no final do século XVIII (CORAZZA, 2000).

A criança era deixada em um cilindro de madeira, giratório, sem que se visse, a partir de dentro, quem a havia deixado; e sem que o recebedor também fosse visto. Corazza (2000, p. 61) descreve a situação da criança "exposta" na Roda:

> A exposta, geralmente, era deixada vestida, em caixas, cestas, pequenos berços; acompanhavam-na uma sacola ou trouxa com um humilde ou luxuoso enxoval, um bilhete ou carta contendo informações, tais como o primeiro nome, se fora ou não batizada, se existia ou não a intenção futura de ir buscá-la, os motivos pelos quais estava sendo deixada. Também era frequente encontrar junto a ela objetos para sua posterior identificação, como medalhas, moedas, colares, figas; ou nada disso, sendo deixado apenas um corpo: vivo, semimorto, morto.

Há muitos estudos sobre a *Roda dos Expostos* no Brasil. Destacamos um deles, de Cavazzani (2002), que faz uma boa sistematização de vários outros, buscando investigar principalmente o destino das crianças não desejadas. O autor indica que além da alternativa da *Roda*, os recém-nascidos enjeitados eram entregues às Câmaras Municipais ou abandonados nas portas dos domicílios; sem contar o abandono em lugares ermos, sem nenhuma expectativa de sobrevivência.

De maneira geral, os motivos do abandono na *Roda* eram pobreza, ilegitimidade, ou crianças filhas de escravos; sem que houvesse distinção significativa entre meninos e meninas. Como destino final, os enjeitados costumavam ser incorporados às famílias, quando deixados nos lares; mesmo os mais pobres. As questões de abandono estão relacionadas ao período colonial, mas também à legitimidade do matrimônio e as condições de manutenção posterior das crianças.

O século XIX trouxe várias mudanças para o Brasil. Dentre elas, *"as influências da filosofia das luzes, do utilitarismo, da medicina higienista, de novas formas de exercer a filantropia e o liberalismo"* (CORAZZA, 2000, p. 75). Além disso, surgiram as pequenas indústrias, em meio à alta mortalidade infantil, à promiscuidade e à necessidade de mão de obra feminina. Criaram-se, então, serviços de proteção à infância e à parturiente, num esforço paternalista de evitar a desordem social e as doenças graves, mantendo a presença da mão de obra com um mínimo de saúde.

A pré-escola brasileira surgiu na passagem do século XIX para o século XX, com o intuito de conformar e controlar a classe trabalhadora, ainda que se apresentasse esta iniciativa como científica. O atendimento à infância trouxe marcas importantes de civilidade e de uma política eugênica, próprias do Movimento Higienista, das influências religiosas e jurídicas. Porém, as marcas da industrialização, do trabalho infantil e o moralismo das épocas anteriores seriam recalcadas em favor de teorias sobre o desenvolvimento infantil e novas ideologias do cuidar, através das creches e primeiros lugares de cuidar/escolarizar as crianças pequenas.

A primeira referência a uma creche aparece no jornal *Mãi de Família*, de 1879, no artigo "A creche (asilo para a primeira infância)", do médico da Santa Casa do Rio de Janeiro, Dr. Komith Vinelli. O artigo se preocupava com as crianças nascidas a partir da Lei do Ventre Livre, assim como aquelas cujas mães trabalhavam; as creches eram lugares para os filhos dos menos favorecidos.

Kuhlmann Jr. (2000) data de 1875 o primeiro jardim de infância, no Rio de Janeiro, fundado pelo médico Mendes Vieira; logo fechado por falta de recursos e apoio governamental. Em 1877, surgiu em São Paulo o kindergarten da Escola Americana de São Paulo, fundado por imigrantes batistas norte-americanos. Já em 1882, Rui Barbosa apresentou um parecer sobre a reforma no ensino primário, com um capítulo específico dedicado aos jardins de infância, considerados como *"primeiro estágio do ensino primário, visando ao desenvolvimento harmônico da criança"* (KUHLMANN JR., 2000, p. 475).

Em 1899, criou-se o Instituto de Proteção e Assistência à Infância (Rio de Janeiro), para crianças menores de oito anos. No mesmo ano, inaugurou-se a primeira creche popular, para filhos de operários, junto à Fábrica de Tecidos Corcovado, no Rio de Janeiro. A preocupação com a criança era incipiente, mais voltada às crianças menos favorecidas ou de pais trabalhadores, com ênfase nos cuidados corporais e não no desenvolvimento cognitivo ou emocional como se propõe atualmente. A urbanização crescente, a industrialização e a chegada de pessoas às cidades maiores (vindas do interior) imprimiam vários problemas nas cidades maiores, pela falta de cuidados com a saúde e mesmo a falta de assistência escolar. A prostituição e a existência de escravos libertos desempregados contribuíam para um cenário de miséria e desfavorecimento.

O primeiro órgão a se preocupar com as questões da infância foi o Departamento da Criança no Brasil, criado em 1919, atribuindo ao Estado a função de cuidar da infância; o que não redundou em nenhuma medida efetiva. Em 1922, com o 1º Congresso Brasileiro de Proteção à Infância, houve a primeira tentativa de atuação junto aos cuidados com a criança.

Somente em 1930, esta tentativa se tornaria uma ação efetiva, para crianças abaixo de 06 anos, em função da maior participação feminina nas indústrias e fábricas. A grande preocupação da época, porém, era retirar estas crianças das ruas – ou seja, mantinha-se o caráter assistencialista no cuidado à infância (cuidar para sobreviver, como indicamos acima).

Em 1932, com o Manifesto dos Pioneiros da Escola Nova, propõe-se a inclusão da pré-escola à educação brasileira. A escola maternal era responsável pelas crianças de dois a quatro anos e os jardins de infância para aquelas de cinco e seis anos. Ficava claramente delimitado que as crianças pobres eram assistidas e as crianças ricas, escolarizadas; mostrando que as marcas históricas não desaparecem, pois é isto que ainda permanece em nossos dias.

As creches modelares, criadas em São Paulo, para filhos de operários não tinham caráter educacional (no sentido da escolarização), da mesma forma que as Escolas Maternais que surgiram um pouco depois; ambas se voltando para os cuidados com higiene, valores morais e saúde.

Foi em 1935 que surgiram as primeiras instituições que poderiam trazer a integração entre educação, cultura e saúde, a partir da iniciativa de Mário de Andrade, idealizador e diretor do Departamento de Cultura (na gestão de Fábio prado) – os Parques Infantis:

> Origem da rede de educação infantil paulistana, a primeira experiência brasileira pública municipal de educação (embora não-escolar) para crianças de famílias operárias que tiveram a oportunidade de brincar, ser educadas, cuidadas, de conviver

> com a natureza, de movimentarem-se em grandes espaços. Lá produziam cultura e conviviam com a diversidade da cultura nacional, quando o cuidado e a educação não estavam antagonizados, e a educação, a assistência e a cultura estavam integradas, no tríplice objetivo parqueano: educar, assistir e Recrear (FARIA, 1999, p. 61-62).

As atividades principais dos Parques Infantis eram o folclore, as brincadeiras e os jogos, buscando a participação da criança na construção da cultura nacional. Inspirava-se nas propostas ainda pouco estudadas no Brasil da década de 1930, como Vygotsky, Benjamin e Huizinga. A ênfase do trabalho era a criança e não a mãe que trabalhava. Portanto, aspectos como higiene e recomendações morais eram menos enfatizados.

Foi um modelo que durou pouco tempo (1935-1938). Para Faria (1999), foram dois os motivos: a saída de Mário de Andrade da direção do Departamento de Cultura (após pressão de Getúlio Vargas), e porque os parques Infantis não eram uma prática pedagógica, voltada para o ensino, e sim para a criança de uma maneira mais integralizada, mais próxima à identidade cultural e sua preocupação com as artes e o lúdico enquanto instrumento. A autora ressalta que isto demonstra o descaso das autoridades em sustentar um modelo mais amplo de cuidado à infância.

Segundo Kuhlmann Jr. (2004), pouca coisa mudou até a década de 1960, quando a emancipação feminina e a maior saída das mulheres para o mercado de trabalho fizeram surgir os movimentos de lutas por creches – de maneira mais intensa nas décadas de 1980 e 1990. Tais movimentos começaram na classe média e se expandiram nas classes mais pobres – que não tinham alternativas para o cuidado de crianças pequenas.

Na Lei de Diretrizes e Bases da Educação Nacional 4024, de 1961, pela primeira vez aparecem dois artigos sobre a educação Pré-escolar, que isentava o Estado de participação, mas incentivava a iniciativa privada. Em 1967, foi criado, a partir do Departamento Nacional da Criança (Ministério da Saúde), um Plano de Assistência Pré-Escolar. Este plano, de acordo com Carneiro (s.d.) não se revelaria inovador:

> Seguindo as prescrições da UNICEF, o Plano propunha um programa de emergência para o atendimento de crianças de dois a seis anos, por meio da criação de Centros de Recreação. Tal plano parece ter sido feito para cumprir as

exigências relacionadas a acordos internacionais. Dado o caráter assistencial, novamente tentava-se tirar a criança da rua pelo mero atendimento, sem haver preocupação com a qualidade do trabalho ou da educação que lhe era oferecida.

A ditadura (1964-1983) não trouxe diferenças a esta forma assistencialista de cuidados, com o agravante de serem buscadas as práticas mais baratas, sem critérios de qualidade de ensino e atendimento, apenas no sentido de cuidados de sobrevivência (evitando a morte por fome e problemas que pudessem levar à marginalidade). Desta forma, as questões educativas para a infância eram tratadas como temas sociais.

A Lei de Diretrizes e Bases 5692, de 1971, trouxe a educação pré-escolar para o Ministério da Educação, enfatizando a importância do ensino às crianças abaixo de 07 anos, como escolas maternais, pré-escolas ou similares; a partir de iniciativa das empresas que tivessem mães com crianças desta faixa etária. No entanto, na prática, a maior preocupação ficou para o ensino fundamental; já que, na verdade, não havia uma política para crianças menores de 07 anos.

Como apontamos inicialmente, no início deste item, é a partir da Constituição de 1988, do Estatuto da Criança e do Adolescente, de 1990, e da Lei de Diretrizes e Bases da Educação 9394, de 1996, que as questões das crianças pequenas (até 06 anos) foram abordadas com maior seriedade, envolvendo a sociedade, a família e o Estado. A nova LDB (1996) adveio das propostas da Conferência Mundial de Educação para Todos (Tailândia, 1990), fazendo da Educação Infantil o primeiro momento da Educação Básica, de duas maneiras: nas creches (para crianças de 0 a 6 anos) e nas pré-escolas (para crianças de 04 a 06 anos).

Esta foi a primeira tentativa de atuação junto aos cuidados com a criança, garantindo que a educação é um dos elementos mais importantes para o desenvolvimento humano, capaz de garantir (à criança) a igualdade de condições de acesso às oportunidades; sendo a permanência na escola um dos princípios básicos para uma sociedade verdadeiramente democrática (CARNEIRO, s.d.).

Pretendia-se, com a proposta, acabar com o assistencialismo na educação da primeira infância, enfatizando o aspecto educativo (pedagógico, portanto, de ensino). Kuhlmann Jr. (2004) ressalta, porém, que desde seu início, as instituições infantis sempre se pretenderam educativas e não de cuidados. Assim, esta ênfase apenas assistencialista se difundiu na discussão da história da pedagogia de forma a fazer crer que o que se faz na atualidade, em termos de Educação Infantil, é diferente e melhor do que se fazia no passado.

Os documentos históricos sobre as instituições infantis mostram exatamente o oposto, revelando várias propostas educativas (como os Parques Infantis, que descrevemos anteriormente) e que a assistência nem sempre é o pior: *"não são as instituições que não têm caráter educacional e sim os órgãos públicos da educação, os cursos de pedagogia e as pesquisas educacionais que não se ocuparam delas por um longo período"* (KUHLMANN JR., 2004, p. 202).

Outro aspecto a ser ressaltado se refere à pressão econômica do Banco Mundial para que as modificações no cuidado/assistência/educação à criança pequena fossem incrementadas; os financiamentos são liberados de acordo com o investimento do país na área da Educação Infantil e da educação em geral. Uma das medidas exigidas pelo Banco Mundial se refere à garantia do ensino *"de determinados conteúdos. A criança passa a ser um sujeito de domínio de atividades letradas, sendo escolarizada precocemente"* (CARNEIRO, s.d., s.p.).

Nem sempre estes financiamentos chegam diretamente à Educação Infantil, por falta de órgãos específicos. Uma estratégia consolidada de funcionamento veio através do FUNDEB (Fundo de Manutenção e Desenvolvimento da Educação Básica e de Valorização dos Profissionais da Educação), instituído pela Emenda Constitucional nº 53, de 19 de dezembro de 2006 e regulamentado pela Medida Provisória nº 339, de 28 de dezembro do mesmo ano, convertida na Lei nº 11.494, de 20 de junho de 2007, e pelos Decretos nº 6.253 e 6.278, de 13 e 29 de novembro de 2007, respectivamente. Sem recursos bem definidos de investimento e apoio, a qualidade da Educação Infantil corre sérios riscos de retrocesso (GASPAR, 2010).

A escolarização precoce, no Brasil, é uma situação que já faz parte do cotidiano infantil, sendo compulsória a partir dos quatro anos. Desde 2016, compreende o período de zero a cinco anos, por causa do estabelecimento da escolarização de nove anos – incorporando-se a etapa de pré-escola (seis anos) ao Ensino Fundamental (de acordo com a Lei 11.274, de 2006).

Após a Educação Infantil, organizam-se duas etapas, ambas pertencentes ao Ensino Fundamental – Ensino Fundamental I (1º ao 5º ano) e Ensino Fundamental II (6º ao 9º ano). A partir delas, o eixo principal é o aprendizado dos conteúdos, com avaliações do conhecimento de forma cumulativa, cabendo aos professores a melhor/maior técnica de transmissão do conhecimento. Este mesmo parâmetro parece estar permeando os saberes da Educação Infantil, cada vez mais compreendida como pré-requisito do Ensino Fundamental[14].

Em resumo, podem ser identificados, desde seu início, os seguintes documentos/marcos legais para a Educação Infantil[15]:

- Lei de Diretrizes e Bases da Educação Nacional (LDBEN/1996) em que a Educação Infantil se tornou parte da educação básica.

- 1996, com a Lei de Diretrizes e Bases da Educação (LDB – Lei nº 9.394/96), critérios para um atendimento em creches que respeite os direitos fundamentais das crianças.

- Parâmetros Nacionais de Qualidade em Educação Infantil (2006).

- Política Nacional de Educação Infantil.

- Direito das crianças de zero a 6 anos à educação (2006).

- Lei 11.274/06, que alterou a redação dos artigos 29, 30, 32 e 87 da LDB, dispondo sobre a duração de nove anos para o Ensino Fundamental, com matrícula obrigatória a partir dos 6 anos de idade (2006).

- Diretrizes Curriculares Nacionais para a Educação Infantil (2010).

- Documento final da CONAE 2010 (2010), que expressa as discussões anteriores à publicação do Plano Nacional de Educação 2014 – 2024 (Lei 13.005/14).

---

[14] É neste sentido que a Educação Infantil vem-se tornando uma expansão da escolarização, como indiquei anteriormente.

[15] Sobre a escolarização em outros países (histórico e situação atual), ver: *POLÍTICAS para a primeira infância. Notas sobre experiências internacionais*. Brasília: UNESCO, 2005. E também: Fundação Maria Cecília Souto Vidigal/Fundação Carlos Chagas. *Políticas internacionais para a educação infantil*. 2016, 2017.

- Obrigatoriedade, a partir de 2007, do diploma de Ensino Superior para as profissionais que trabalham com a Educação Infantil.

- Leis 10.639/03 e 11.645/08, que alteraram o texto originário da lei, inserindo, respectivamente, a obrigatoriedade do ensino de História e Cultura Afro-brasileira e de História e Cultura Afrobrasileira e Indígena (2003/2008).

- Lei nº 12.796, de 4 de abril de 2013, que altera a LDB nº 9.394/96 e determina que as crianças com 4 anos devem ser matriculadas na Educação Infantil, mínimo de 200 dias letivos ou 800h, e frequência mínima de 60% da carga horária total, em período parcial (4h ou integral (7h), cujas avaliações não permitam retenção e indiquem o aprendizado (2013) (ABRAMOVICZ e TEBET, 2017, p. 184).

Enquanto leis e diretrizes, a Educação Infantil está "prescrita" no Referencial Curricular Nacional para a Educação Infantil (também chamados de RCNEI's), de 1998, sobre o qual discutiremos a seguir.

4.2 A regulamentação da Educação Infantil no Brasil: Referenciais Curriculares Nacionais para a Educação Infantil e para a formação dos educadores infantis

A partir da regulamentação da LDB (1996) e dos Parâmetros Curriculares Nacionais (1997), cria-se um conjunto de reflexões e diretrizes tanto para a Educação Infantil como para a formação dos educadores infantis. Assim, os Referenciais Curriculares Nacionais para a Educação Infantil se fizeram importantes para organizar a apresentação das instituições infantis, dando organização à indicação da LDB (1996) de que as creches e pré-escolas deveriam se integrar ao sistema de ensino, fazendo parte do ensino como um todo.

Este documento, composto de três volumes, pretende ser uma ferramenta para estimular a reflexão e não como um manual. O primeiro volume traz informações teóricas sobre vários temas afins à Educação Infantil: infância, educação, instituições infantis. O segundo volume fala especificamente das características da infância e da criança. E o terceiro volume apresenta o estudo de seis aspectos a serem trabalhados na Educação Infantil: Movimento, Música, Artes visuais, Linguagem oral e escrita, Natureza e sociedade e Matemática.

Aqui abordaremos alguns aspectos dos RCNEI's a partir de sua versão eletrônica, idêntica à versão impressa. Destacamos a perspectiva de reflexão teórica, o caráter das instituições infantis, a ênfase psicologizante/cognitivista e as relações cuidar/educar, além da formação do educador infantil[16].

O documento começa por indicar que a Educação Infantil é considerada a primeira etapa da educação básica, a ser contemplada tanto pela escola como pela família, na busca do desenvolvimento integral da criança de até 06 anos[17] (05 anos).

Logo, o documento pretende ser:

> Um conjunto de referências e orientações pedagógicas que visam a contribuir com a implantação ou implementação de práticas educativas de qualidade que possam promover e ampliar as condições necessárias para o exercício da cidadania das crianças brasileiras. Sua função é contribuir com as políticas e programas de educação infantil, socializando informações, discussões e pesquisas, subsidiando o trabalho educativo de técnicos, professores e demais profissionais da educação infantil e apoiando os sistemas de ensino estaduais e municipais (RCNEI, 2005, p. 13).

A prática com crianças de até 06 anos (05 anos), consideradas como cidadãs já nesta idade pelo documento, portanto, deve respeitar as condições *"afetivas, emocionais, sociais e cognitivas"* (RCNEI, 2005, p. 13), de acordo com os seguintes princípios:

> • o respeito à dignidade e aos direitos das crianças, consideradas nas suas diferenças individuais, sociais, econômicas, culturais, étnicas, religiosas etc.;
>
> • o direito das crianças a brincar, como forma particular de expressão, pensamento, interação e comunicação infantil;

---

[16] Não há, neste relatório, a intenção de estudar os referenciais como um todo, mas abordar alguns aspectos que forneçam subsídios para a reflexão principal (subjetividade dos educadores infantis). Algumas citações são extensas, para que o leitor identifique melhor os aspectos considerados relevantes.

[17] Ressaltando que o marco etário foi modificado para cinco anos, como indicado anteriormente.

- o acesso das crianças aos bens socioculturais disponíveis, ampliando o desenvolvimento das capacidades relativas à expressão, à comunicação, à interação social, ao pensamento, à ética e à estética;

- a socialização das crianças por meio de sua participação e inserção nas mais diversificadas práticas sociais, sem discriminação de espécie alguma;

- o atendimento aos cuidados essenciais associados à sobrevivência e ao desenvolvimento de sua identidade.

A partir destes princípios, são estes os objetivos da Educação Infantil:

A prática da educação infantil deve se organizar de modo que as crianças desenvolvam as seguintes capacidades:

- desenvolver uma imagem positiva de si, atuando de forma cada vez mais independente, com confiança em suas capacidades e percepção de suas limitações;

- descobrir e conhecer progressivamente seu próprio corpo, suas potencialidades e seus limites, desenvolvendo e valorizando hábitos de cuidado com a própria saúde e bem-estar;

- estabelecer vínculos afetivos e de troca com adultos e crianças, fortalecendo sua autoestima e ampliando gradativamente suas possibilidades de comunicação e interação social;

- estabelecer e ampliar cada vez mais as relações sociais, aprendendo aos poucos a articular seus interesses e pontos de vista com os demais, respeitando a diversidade e desenvolvendo atitudes de ajuda e colaboração;

- observar e explorar o ambiente com atitude de curiosidade, percebendo-se cada vez mais como integrante, dependente e agente transformador do meio ambiente e valorizando atitudes que contribuam para sua conservação;

- brincar, expressando emoções, sentimentos, pensamentos, desejos e necessidades;

- utilizar as diferentes linguagens (corporal, musical, plástica, oral e escrita) ajustadas às diferentes intenções e situações de comunicação, de forma a compreender e ser compreendido, expressar suas ideias, sentimentos, necessidades e desejos e avançar no seu processo de construção de significados, enriquecendo cada vez mais sua capacidade expressiva;

> • conhecer algumas manifestações culturais, demonstrando atitudes de interesse, respeito e participação frente a elas e valorizando a diversidade (RCNEI's, 2005, p. 63).

A prática da Educação Infantil, além de respeitar os princípios e objetivos citados, deve considerar o direito de *"antes de tudo, de viver experiências prazerosas nas instituições"* (RCNEI, 2005, p. 14). E aqui já cabe levantar uma primeira questão: a ênfase no prazer seria relativa ao bem-estar perene de nossa sociedade de consumo? Vamos abordá-la posteriormente...

O texto do volume I retoma, historicamente, vários aspectos da Educação Infantil e diz que a prática infantil nas instituições escolares sempre fora assistencialista, com atendimentos de baixo custo, maus recursos físicos e profissionais despreparados, numa prática compensatória à pobreza e à falta de oportunidades: *"A concepção educacional era marcada por características assistencialistas, sem considerar as questões de cidadania ligadas aos ideais de liberdade e igualdade"* (RCNEI, 2005, p. 17).

Na visão dos autores do documento, transformar esta concepção de educação implicaria em várias modificações que envolveriam as leis e o estudo das *"especificidades sobre a infância, as relações entre as classes sociais, as responsabilidades da sociedade e o papel do Estado"* (RCNEI, 2005, p. 17). Mesmo reconhecendo que a noção de criança é algo historicamente construído, com mudanças significativas ao longo do tempo, encontramos as ideias de estímulo – deslocadas da reflexão sobre o que isto significaria em nossa época histórica, além da já mencionada preocupação em garantir direitos de cidadania para quem (a criança) ainda nem consegue refletir sobre isto:

> A instituição de educação infantil deve tornar acessível a todas as crianças que a frequentam, indiscriminadamente, elementos da cultura que enriquecem o seu desenvolvimento e inserção social. Cumpre um papel socializador, propiciando o desenvolvimento da identidade das crianças, por meio de aprendizagens diversificadas, realizadas em situações de interação (RCNEI's, 2005, p. 23).

Aqui, levantamos algumas questões:

O documento anuncia a importância de propiciar acesso à cultura, a todas as crianças, indiscriminadamente, mas não reflete sobre o fato de que, além de as pessoas serem diferentes (mesmo as crianças), não há nada que possa ser transmitido igualmente para todos. Por outro lado, este acesso à cultura não se faz apenas na escola, a não ser que se considere que a cultura é algo que se aprende na escola, descaracterizando o papel essencial da família.

Outra questão que resta desta primeira reflexão acerca do documento se refere à presença de dois enfoques aparentemente harmônicos – cognição e socialização. Se o importante na Educação Infantil for a socialização, a discussão sobre a cognição perde um pouco o fôlego para os aspectos emocionais (psicologizantes, portanto) da infância. Isto porque a cognição aponta para a estimulação e o desenvolvimento e a socialização para a participação do educador como elemento constituinte do processo e não só como eliciador, como o seria num processo unicamente cognitivo.

Além disso, a partir das reflexões de Plaisance (2004) sobre o conceito de socialização, vemos que o documento apenas se atém a uma das possibilidades da socialização – a de "criar" seres sociais. O autor ressalta que socializar é mais que isso, é também ensinar as regras sociais de acordo com o mundo adulto, além de ser, na escola, um jogo com estratégias específicas. A escola é um espaço de socialização, assim como a família ou outros locais. Socializar na escola não é algo que pode ser interpretado como símbolo ou protótipo de todas as formas de socialização.

A discussão teórica, proposta pelo primeiro volume dos RCNEI's, todavia, não se aprofunda e não indica as fontes teóricas que possam auxiliar o leitor a ter conclusões mais ricas. Além disso, de maneira geral, o documento chegou à sua versão final sem respeitar as críticas que lhe foram feitas, não só sobre seu aspecto teórico:

> O referido documento, como muito bem apontou o Parecer sobre a versão preliminar do Referencial Curricular Nacional para a Educação Infantil, do GT 07 da Anped (1998), reforça o cunho psicologizante/cognitivista do atendimento infantil, não aproveita a produção existente na área, terminando por não privilegiar as especificidades deste atendimento, fato este claro pelo seu caráter manualístico (ARCE, 2001, p. 270).

A ênfase no aspecto cognitivo se faz, no documento, considerando a teoria construtivista como a base de reflexão. No entanto, esta consideração já é polêmica de início: não se pode dizer que o construtivismo seja uma teoria de aprendizagem, muito menos de ensino; menos ainda que Piaget e Vygotsky sejam autores complementares. Embora os RCNEI's (1998) deixem claro que a questão cognitiva é de difícil delimitação, toma-a de maneira a ser construída e estimulada em ambiente propício; é isto que acaba por fazer do documento um manual técnico (de práticas) a serem seguidas pelo professor e pelas instituições infantis.

A instituição de Educação Infantil é eleita o local do acontecimento da socialização, e de toda sorte de aprendizagens:

> Na instituição de educação infantil, pode-se oferecer às crianças condições para as aprendizagens que ocorrem nas brincadeiras e aquelas advindas de situações pedagógicas intencionais ou aprendizagens orientadas pelos adultos. É importante ressaltar, porém, que essas aprendizagens, de natureza diversa, ocorrem de maneira integrada no processo de desenvolvimento infantil (RCNEI's, 2005, p. 23).

O aprendizado se daria pelo lúdico, pelas práticas pedagógicas preparadas para o aprendizado de maneira intencional, planejadas, com vistas ao desenvolvimento. Unem-se, como apontam as críticas ao documento feitas por Arce (2001) e Cerisara (2002a), os aspectos psicológico e cognitivo, fazendo pensar que é o melhor que se pode oferecer à criança; mas sem esclarecer que melhor é este, em que sentido e para quais fins.

Sobre o ato de educar e fazer acontecer esta aprendizagem, diz o documento:

> Educar significa, portanto, propiciar situações de cuidados, brincadeiras e aprendizagens orientadas de forma integrada e que possam contribuir para o desenvolvimento das capacidades infantis de relação interpessoal, de ser e estar com os outros em uma atitude básica de aceitação, respeito e confiança, e o acesso, pelas crianças, aos conhecimentos mais amplos da realidade social e cultural. Neste processo, a educação poderá auxiliar o desenvolvimento das capacidades de apropriação e conhecimento das potencialidades corporais, afetivas, emocionais, estéticas e éticas, na perspectiva de contribuir para a formação de crianças felizes e saudáveis. (RCNEI's, 2005, p. 23).

Para o documento, cuidar é parte integrante do ato de educar, quando se trata de crianças pequenas. No entanto, cuidar exige condições e conhecimentos que estão além das práticas pedagógicas (que não aparecem explicitamente no documento). Assim,

> [...] cuidar de uma criança em um contexto educativo demanda a integração de vários campos de conhecimentos e a cooperação de profissionais de diferentes áreas. A base do cuidado humano é compreender como ajudar o outro a se desenvolver como ser humano. Cuidar significa valorizar e ajudar a desenvolver capacidades. O cuidado é um ato em relação ao outro e a si próprio que possui uma dimensão expressiva e implica em procedimentos específicos. O desenvolvimento integral depende tanto dos cuidados relacionais, que envolvem a dimensão afetiva e dos cuidados com os aspectos biológicos do corpo, como a qualidade da alimentação e dos cuidados com a saúde, quanto da forma como esses cuidados são oferecidos e das oportunidades de acesso a conhecimentos variados. As atitudes e procedimentos de cuidado são influenciados por crenças e valores em torno da saúde, da educação e do desenvolvimento infantil. Embora as necessidades humanas básicas sejam comuns, como alimentar-se, proteger-se etc. as formas de identificá-las, valorizá-las e atendê-las são construídas socialmente. As necessidades básicas podem ser modificadas e acrescidas de outras de acordo com o contexto sociocultural. Pode-se dizer que além daquelas que preservam a vida orgânica, as necessidades afetivas são também base para o desenvolvimento infantil. (RCNEI's, 2005, p. 24-25).

Educar, nesta perspectiva, pressuporia, pois, uma prática pedagógica previamente planejada; já cuidar implicaria em saberes além destas práticas. Ambos, cuidar e educar, são ações que apontam para o desenvolvimento da criança. Ou seja, a criança é o que será, desconsiderando a própria criação da infância no momento em que a criança é cuidada/educada, em nome de um futuro – que não está no devir, mas no momento atual dos cuidados e educação.

Se o adulto que cuida/educa a criança não se vê como agente dos cuidados pode ser presa fácil de concepções ideológicas (por que não dizer imaginárias?) sobre a infância e cumprir, cegamente, uma determinada forma de subjetividade, de biopoder. A escola, como um *Aparelho de Estado* (FOUCAULT, 1988), regula, maneja e fabrica os sujeitos através das práticas cotidianas de cuidados com o corpo, transmissão de conteúdos e condições de relação/interação; fazendo com que o poder circule entre adultos e crianças, em nome do bem-estar.

Além disso, as estratégias de cuidado, preconizadas pelas práticas pedagógicas e documentos, indicam a existência de necessidades que seriam localizadas apenas nas crianças, ignorando que o adulto se compraz e se satisfaz ao cuidar de uma criança. Sendo uma necessidade, a de cuidados, por outro lado, é algo que se pretende satisfeito com uma ação precisa, que fecharia qualquer brecha.

É em nome de um desenvolvimento que se conclui no adulto que as necessidades da criança pequena devem ser satisfeitas. Todavia, o documento reconhece que ao adulto cabe compreender as necessidades das crianças, como se fosse algo distante dele e apreensível apenas cognitivamente:

> A identificação dessas necessidades sentidas e expressas pelas crianças, depende também da compreensão que o adulto tem das várias formas de comunicação que elas, em cada faixa etária possuem e desenvolvem. Prestar atenção e valorizar o choro de um bebê e responder a ele com um cuidado ou outro depende de como é interpretada a expressão de choro, e dos recursos existentes para responder a ele (RCNEI's, 2005, p. 25).

Então, as diferentes maneiras de cuidar do bebê que chora são identificadas a partir dos modelos socioculturais; mas o documento não relaciona estes modelos às questões imaginárias/ideológicas de determinada subjetividade. O cuidado à criança dependeria, pois, de atenção, de compreensão e de respeito à singularidade, à individualidade da criança. Os conhecimentos extra-pedagógicos são explicitados como advindos da preocupação com os princípios da saúde, objetivando a *"preservação da vida e o desenvolvimento das capacidades humanas"* (RCNEI's, 2005, p. 25). O adulto deve conhecer as condições sobre o desenvolvimento biológico, emocional e intelectual das crianças, bem como as diferenças socioculturais para este desenvolvimento.

Desta maneira,

> Para cuidar é preciso antes de tudo estar comprometido com o outro, com sua singularidade, ser solidário com suas necessidades, confiando em suas capacidades. Disso depende a construção de um vínculo entre quem cuida e quem é cuidado. Além da dimensão afetiva e relacional do cuidado, é preciso que o professor possa ajudar a criança a identificar suas necessidades e priorizá-las, assim como atendê-las de forma adequada. Assim, cuidar da criança é sobretudo dar atenção a ela como pessoa que está num contínuo crescimento e desenvolvimento, compreendendo sua singularidade, identificando e respondendo às suas necessidades. Isto inclui interessar-se sobre o que a criança sente, pensa, o que ela sabe sobre si e sobre o mundo, visando à ampliação deste conhecimento e de suas habilidades, que aos poucos a tornarão mais independente e mais autônoma (RCNEI's, 2005, p. 25).

Sobre a tendência psicologizante dos RCNEI's, que está imbuída nas formas de cuidar da criança pequena, Kuhlmann Jr. (1998, p. 3) diz:

> [...] o conteúdo mesmo da proposta é que provoca consternação. Embora arrolando extensa bibliografia, desconsidera boa parte do que nela está escrito e os avanços produzidos na área nas últimas décadas. Sem assinalar reflexões teóricas fundamentais, a proposta de referencial segue a via fácil dos modismos e dos jargões e frases de efeito sem significado. A Pedagogia, campo de conhecimento para se alicerçar uma orientação curricular, cede lugar a um psicologismo simplista, de cunho cognitivista.

Este reducionismo (também presente na crítica do autor acima, ao definir a pedagogia como alicerce do currículo) pode ser visto na própria condição do adulto. O comprometimento do adulto educador com a criança não passa, segundo o documento, pela reflexão profunda do que o faz educador, de uma capacitação, em termos de conhecimentos pedagógicos e outros. Esta capacitação se faz inicialmente através de habilitação em curso superior (de preferência[18]), que permita uma formação sólida em termos teóricos; que se faça principalmente no exercício de uma prática.

---

[18] Os modelos de formação de educadores infantis incluem cursos presenciais (Magistério para auxiliares ou Pedagogia para até Ensino Fundamental I) ou EAD (à distância: Pedagogia). Há um curso EAD oferecido pelo MEC, ProInfantil, em nível médio (dois anos), somente para professores leigos, sem curso anterior. Há a modalidade

TEMPO E PRESENÇA NA EDUCAÇÃO: ENSAIOS E REFLEXÕES

2.1. O docente de Educação Infantil tem a função de educar e cuidar de forma integrada da criança na faixa de zero a seis anos de idade.

2.2. Os docentes de Educação Infantil devem ser formados em cursos de nível superior (licenciatura de graduação plena), admitida como formação mínima a oferecida em nível médio (modalidade normal).

2.3. A formação inicial e continuada dos profissionais de Educação Infantil terá como fundamentos: (a) associação entre teorias e práticas; (b) conhecimento da realidade das creches e pré-escolas, visando à melhoria da qualidade do atendimento, e, (c) aproveitamento, de acordo com normas específicas, da formação e experiência anterior em instituições de educação.

2.4. O currículo da formação inicial do profissional de educação infantil deve: (a) contemplar conhecimentos científicos básicos para sua formação enquanto cidadão, conhecimentos necessários para a atuação docente e conhecimentos específicos para o trabalho com a criança pequena; (b) estruturar-se com base no processo de desenvolvimento e construção dos conhecimentos do próprio profissional em formação; (c) levar em conta os valores e saberes desse profissional, produzidos a partir de sua classe social, etnia, religião, sexo, sua história de vida e de trabalho; e (d) incluir conteúdos e práticas que o habilitem a cumprir o princípio da inclusão do educando portador de necessidades especiais na rede regular de ensino.

2.5. Formação e profissionalização devem ser consideradas como indissociáveis, tanto em termos de avanço na escolaridade, quanto no que diz respeito à progressão na carreira. (MEC/SEB, 1998, p. 12-13).

O documento (Subsídios para credenciamento e funcionamento das instituições de Educação Infantil, MEC/SEB, 1998 – BRASIL, 2006) refere que muitos dos educadores infantis são pessoas que não se habilitaram para tal. Assim, os aspectos citados devem ser abordados em cursos de capacitação breves, a serem propiciados pelos governos estaduais e municipais; não

---

Normal Superior que permite Licenciatura na Educação Básica, mas não para cargos de gestão (administrador, inspetor, supervisor, diretor ou orientador pedagógico). De zero a três anos, podem assumir professores com Magistério ou Pedagogia. De quatro anos em diante, somente com Pedagogia. Quem tiver Magistério, pode ser somente auxiliar dessa faixa etária em diante.

se esquecendo de que os professores habilitados devem estar em processo contínuo de formação.

A expectativa dos documentos, em relação ao educador infantil é que sua formação seja mais prática que teórica, mais técnica que reflexiva e que se voltem ao tema da cidadania, ciente de seus direitos e deveres; para que possa formar cidadãos nas crianças que educar. Portanto, circularmente, vemos que o educador ensina o que ele também acredita ser – um cidadão pleno de direitos.

Para fazer valer seus deveres de cidadão, o educador reveste sua prática de atitudes comprovadas cientificamente, de gestos compreensivos e muita capacitação alicerçada no exercer pedagógico. Ou seja, os documentos não garantem aquilo que se faz importante no cuidado de uma criança pequena: a presença do educador enquanto alguém que educa e, não por acaso, ensina.

4.3. Refletindo sobre a história da Educação Infantil no Brasil e sua regulamentação

Os documentos que vimos até aqui enfatizam que escolarizar precocemente é a base do processo educativo (pedagógico). No entanto, é disto que precisa uma criança pequena? O que se quer com esta proposta?

A regulamentação da Educação Infantil, pelos RCNEI's (1998) e PCN's (1997) traz as marcas políticas para a concepção de infantil: *"Ao instituir a infância como uma ideia e um alvo de governo, a racionalidade liberal funcionou pela extensão da cidadania ao infantil"* (CORAZZA, 2001, p. 86). Portanto, o infantil se torna um membro da sociedade e os documentos oficiais trazem modos de subjetivação em que *"as técnicas do eu integram-se às estruturas de coerção do governo, da docência e da escolarização"* (CORAZZA, 2001, p. 91), disciplinando os infantis. Percebe-se, na oficialização da Educação Infantil, a natureza econômica da educação e cultura, os ideais de pleno desenvolvimento do educando, seguindo as propostas da UNESCO, do UNICEF, e mesmo das possibilidades de investimento através do Banco Mundial.

Demarcamos novamente que, no Brasil, o cuidado da criança pequena esteve marcado por três propostas: jurídico-policial, médico-higienista e

TEMPO E PRESENÇA NA EDUCAÇÃO: ENSAIOS E REFLEXÕES

religiosa; as três marcadas por uma política eugênica, no sentido de "criar" uma população mais ativa no mercado de trabalho e submissa. Porém, de maneira geral, diz Hage (1997), o atendimento à criança pequena é mais educativo ou mais assistencialista dependendo da classe social da criança.

Em função desta preocupação assistencialista, Carneiro (s.d.) ressalta que durante muito tempo a educação pré-escolar esteve localizada na área da saúde e não na área da educação. Além do mais, estabelecer uma educação de baixo custo era uma prioridade que impunha muitas limitações a práticas mais inovadoras (não voltadas somente para a subsistência e sobrevivência física da criança) e mais importantes para as crianças pequenas (KHULMAN Jr, 1991).

Médicos e sanitaristas se preocupavam com o controle das infecções e com a higiene das classes mais pobres, para evitar doenças, defendendo, para isso, a criação de creches; como instituições destinadas a este controle, relativizando ou minorando as possibilidades de transmissão de conhecimento ou de aprendizado por parte das crianças[19].

A educação da criança pequena advinda de classes mais pobres seria tentada como a solução para os problemas sociais e econômicos. Neste sentido, Kramer (2003) retoma que a educação compensatória não é eficaz e, a partir de experiências assistencialistas em outros países, como os Estados Unidos, prova que não basta a educação para resolver questões sociais importantes como a miséria; para isto, é fundamental a distribuição de renda e oferecimento de oportunidades mais equiparadas a todos.

No entender de Hage (1997) e Kramer (2003), a possibilidade de eficácia da escolarização das crianças pequenas dependeria de vê-las como sujeitos sociais, históricos e não somente como sujeitos em crescimento, em processo, numa relação prospectiva de sucesso; embora não atual. Por não ser um espaço dedicado às crianças como sujeitos sociais e históricos, a Educação Infantil permanece como uma etapa de preparação para a alfabetização, desconsiderando a subjetividade do educador e mais ainda de cada criança.

---

[19] Para Kuhlman Jr (1998) e Kramer (2003), esta prática que "pasteuriza" os mais pobres, não reconhecendo sua capacidade de aprender subsiste em muitos momentos históricos, denuncia a força das elites.

A proteção à criança, como cidadã, também aparece como um direito a ser preservado. O ECA (Estatuto da Criança e do Adolescente/Brasil, 1990) estabelece vários direitos que devem ser mantidos na infância. No entanto, sua ênfase recai sobre as capacidades e o potencial da criança, indicando uma preocupação com aquilo que ela poderá vir a ser, no sentido de uma plenitude e de uma totalidade de desenvolvimento a ser atingida.

Nos RCNEI's (2005), aparecem duas concepções de infância/criança: alguém que deve ser protegido e alguém que tem capacidades a serem desenvolvidas. Isto pode ser identificado nos seguintes termos: desenvolver, descobrir e conhecer, estabelecer e ampliar, com ênfase importante no aspecto cognitivo. Estes termos estariam em consonância com a noção de cidadania, anteriormente destacada, pois estão relacionados a práticas de profilaxia e produtividade.

Se por um lado, isto indica um avanço – no dizer de Cerisara (2002) – esconde a adaptação e a normatização fundamentais ao engano neoliberal do que seja educar (GHIRALDELLI JR., 2002). O movimento neoliberal[20] se torna proeminente após a falência dos modelos centralizados no controle estatal, que vigoraram até meados da década de 1970. Nesta nova perspectiva, de acordo com Arce (2001, p. 254), é preciso

> manter o Estado forte o suficiente para acabar com gastos desnecessários, privatizar empresas estatais e liquidar os sindicatos e, por outro, diminuir os gastos e as intervenções estatais nas questões sociais e econômicas; todas estas medidas devem ser administradas de uma só vez, de forma quase que ditatorial, pois a meta principal de tudo isto é a estabilidade monetária, que deve ser alcançada a qualquer preço. Ressalta-se, no campo das políticas sociais, que o receituário neoliberal incentiva a desativação dos programas sociais públicos e o Estado deve-se ater somente a programas de auxílio à pobreza. Dentro desse preceito, a educação é eleita como chave mágica para a erradicação da pobreza, pois, investindo-se no indivíduo, dando-lhe a instrução, ele

---

[20] O neoliberalismo é uma retomada do liberalismo. Este se refere ao movimento decorrente do fim do feudalismo, dizendo respeito à liberdade do trabalho – através do salário – e ao livre uso da propriedade e do capital adquirido. Após a segunda guerra, o controle estatal se fez presente, através das ditaduras e do socialismo. Com a falência deste modelo, surge o neoliberalismo, defendendo a liberdade da iniciativa privada e impondo o enfraquecimento do Estado.

> poderá ser capaz de buscar seu lugar ao sol. Aliada à educação, a segurança aparece como outro investimento social do Estado, pois, para que as reformas neoliberais ocorram, a ordem é essencial.

O neoliberalismo é o raciocínio que permeia os RCNEI's e todos os documentos produzidos para a Educação e a Educação Infantil, a partir de 1990. Na "era FHC", este raciocínio vem disfarçado de Modernidade, como tentativas necessárias para colocar o Brasil no cenário do Primeiro Mundo. Isto, porém, não desfaz o cenário de construção de acessos à escolarização básica, que se mantiveram na "era Lula" (DAVIES, 2004).

Por dar grande ênfase ao indivíduo e sua singularidade, o neoliberalismo encontra aliados na iniciativa privada e se coaduna aos ideais capitalistas. Se cada um é importante, por si só, a coletividade dá espaço ao fragmentário de cada singularidade. Se não há coletividade, a história e o contexto também perdem lugar e vê-se a substituição do histórico pelo cotidiano.

Como todos os indivíduos são diferentes, naturalmente não há igualdade de resultados, nem mesmo de oportunidades, que possam mudar instantaneamente a história do indivíduo – mas, quando se pensa em infância, há determinado momento para que apareçam e permitam mudanças. As formas de conhecer e aprender também se fazem pela via do singular; assim, também, as formas de ensinar devem se adequar àquele que aprende e ao que ensina, não permitindo que os métodos de transmissão se "tradicionalizem", que façam história.

Os ideais neoliberais fazem das diferenças individuais algo necessário e saudável, a ser estimulado como a única maneira de se encontrar um lugar na sociedade. Este lugar só será encontrado se o indivíduo for flexível, ágil e facilmente adaptável. Se a igualdade é impossível, para o neoliberalismo, a escola é a única possibilidade de dar algum acesso às oportunidades.

Falseiam-se as condições das ofertas, escondem-se as lutas de classes e, para alguns, há oportunidades mal aproveitadas. Disso decorre a concepção de que, se um aproveita e outro não, é porque o primeiro era mais capaz. Resta ao segundo ser sorteado num programa de televisão, então, ou buscar se capacitar.

Ao propor igualdade entre os indivíduos, o neoliberalismo não promete equidade (o respeito e direito de acesso para todos de acordo com as condições de cada um). Numa sociedade individualista, as pessoas não aprendem a compartilhar conhecimentos ou deles se apropriar de maneira coletiva; já que estão competindo – sempre – pelas "melhores vagas". Como o conhecimento entra na lógica consumista, passa a ser importante acumular informações, as quais nem sempre se configuram como conhecimentos, mais se parecem com "não-informações".

Em nossa compreensão, uma "não-informação" descumpre a função solidária do conhecimento, de ser partilhado e compartilhado, embora, pelo volume (como vemos na mídia impressa ou eletrônica) aparentem ser muito mais do nada que são. Não advêm destas "não-informações" reflexões ou questionamentos que permitam levantar outras questões, modificar relações ou compreensão do cotidiano ou mesmo das estratégias de manejo e controle de poder que perpassam nossa sociedade.

O maior instrumento de consolidação destas ideias "não-informativas" é, paradoxalmente, a educação. As ideias neoliberais se aliam às características pós-modernas, que citamos anteriormente, fazendo da universidade o palco de sua aplicação. Uma sociedade do (des)conhecimento permite que as informações sejam modificadas a todo instante, criando tantas adaptações quantas forem necessárias para que os indivíduos se tornem mais inseguros das certezas e para que a mercadoria seja o único eixo de direção – fechando o círculo em torno da questão do consumo e do discurso capitalista.

Através da educação, nesta vertente, cria-se

> um homem neoliberal competitivo, capaz de passar pelas provas que o mercado impõe, adaptando-se, sendo tecnicamente flexível, prova maior do investimento do mercado no Capital Humano, no indivíduo. A educação deixa de ser encarada como um direito, tornando-se uma mercadoria escrava dos princípios do mercado, atrelada a um reducionismo economicista de sua função (ARCE, 2001, p. 257).

A política educacional passa a ser regida por dois eixos: a centralização da regulamentação da educação no Estado; somente o governo pode dizer como devem funcionar as instituições educacionais, através de parâmetros, referenciais e leis. Só que, como o Estado não tem força suficiente para impor suas regras, o cotidiano educacional fica à mercê do mercado. Chega-se, pois, ao outro eixo: a descentralização das políticas educacionais através da transformação das escolas em empresas, criando a "pedagogia do fast food", que *"macdonaldiza"* (ARCE, 2001, p. 257) as práticas educacionais; igualmente diferentes a cada sistema apostilado, a cada franquia...

As práticas educacionais (ou pedagógicas), à mercê da política de mercado, agem como tal, trazendo flexibilidade e adaptação extremas à didática, aos materiais utilizados, aos recursos tecnológicos; por vezes, fazendo com que o educador se sinta perdido e sempre desatualizado. Nestes casos, sente-se impelido à habilitação contínua – a formação continuada.

A entrada da educação na lógica do capital faz com que algumas consequências se apresentem:

> a) O ensino básico e o técnico vão estar na mira do capital pela sua importância na preparação do novo trabalhador;
>
> b) a didática e as metodologias de ensino específicas (em especial alfabetização e matemática) vão ser objeto de avaliação sistemática com base nos resultados (aprovação que geram);
>
> c) a "nova escola" que necessitará de uma "nova didática" será cobrada também por um "novo professor" todos alinhados com as necessidades de um "novo trabalhador";
>
> d) tanto na didática como na formação do professor haverá uma ênfase muito grande no "operacional", nos "resultados" – a didática poderá restringir-se, cada vez mais, ao estudo de métodos específicos para ensinar determinados conteúdos considerados prioritários, e a formação do professor poderá ser **aligeirada** do ponto de vista teórico;
>
> e) os determinantes sociais da educação e o debate ideológico poderão vir a ser considerados secundários – uma "perda de tempo motivada por um excesso de politização da área educacional" (ARCE, 2001, p. 259).

A aplicação acadêmica destas consequências indica que vários autores como Nóvoa e Perrenoud, no entender de Arce (2001) e Cerisara (2002a), sejam tomados como colaboradores deste ideal de mercado, reforçando o indivíduo como elemento mais importante do processo; quando o é verdadeiramente o capital ou a mercadoria e seu valor venal.

Para estas autoras, deve-se tomar com cautela a proposta da UNESCO para a educação do século XXI, ao indicar os quatro pilares da educação – todos imbuídos de lógica neoliberal, a qual norteia os financiamentos do Banco Mundial. O relatório Delors (1996) faz valer o direito da criança de ser estimulada pela escola quanto ao desejo de aprender, mas a efetivação deste desejo dependeria tão somente dela, criança.

A educação se faz através do prazer, do funcionalismo e do pragmatismo – voltados para a aplicação imediata e objetiva – presentes também nas propostas de formação e capacitação dos educadores (mesmo os educadores infantis). Aprender, na proposta dos documentos que apresentamos, é algo que se faz (apenas) através do acúmulo de informações, instrumentos de ações posteriores.

Podemos retomar, aqui, as condições apresentadas pelos RCNEI's (2005) e os documentos que regulamentam a formação do educador infantil, pensando o quanto se apoiam na alienação do educador quanto ao seu papel neste "maquinário" complexo de reprodução de ideais de mercado. Por se constituir através de uma prática, o educador infantil está sempre à procura de novas "receitas" e atitudes que o atualizem. Atualizando-se continuamente, o educador infantil perde a noção do contexto de sua atuação, concentrado nas particularidades dos métodos de ensino.

O professor passa a aprender rapidamente, aprende fazendo, para rápida aplicabilidade, pois o educador deve ser flexível e identificado às necessidades do mercado; também nele, os atributos individuais e particulares passam a ser mais importantes que os históricos e sociais e ele não precisa ser um intelectual, mas um bom "agente" de reprodução dos mesmos ideais – quanto menos reflexivo, melhor.

Portanto,

> Retira-se definitivamente do professor o conhecimento, acaba-se com a dicotomia existente entre teoria e prática, eliminando a teoria no momento em que esta se reduz a meras informações; o professor passa a ser o balconista da pedagogia fast food, que serve uma informação limpa, eficiente e com

TEMPO E PRESENÇA NA EDUCAÇÃO: ENSAIOS E REFLEXÕES

> qualidade, na medida em que, com seu exemplo, desenvolve no aluno (cliente) o gosto por captar informações utilitárias e pragmáticas (ARCE, 2001, p. 262).

O educador infantil, que aprende fazendo, cumpre o circuito ação-reflexão-ação, de maneira a não conseguir adquirir conhecimentos, mas levar os alunos a darem continuidade a este processo de aquisição de conhecimentos sem apropriação, mantendo distante a possibilidade de continuidade. O professor, então, é capacitado da maneira como irá ensinar posteriormente.

O resultado da ênfase neoliberal na educação em geral e principalmente na educação infantil é apresentado como ruim por Arce (2001, p. 267):

> Os desdobramentos da política de formação de professores contida no documento do MEC aqui analisado são desastrosos, pois suas diretrizes neoliberais levarão à perda total de controle dos professores sobre seu exercício profissional e, com este conceito de formação em serviço (tanto a inicial como a continuada) baseada na ação-reflexão-ação, veremos instaurar-se como ocorreu na Argentina, uma política de incentivos pela obtenção de certificados, no sentido de uma trajetória profissional individualista e meritocrática, com maior controle das agências do governo sobre a prática do trabalho docente.

Pressionado pela recessão e pelo desemprego, os educadores infantis podem crer que a capacitação será algo de fundamental importância para sua inserção no mercado; não percebendo que a recessão age como elemento disciplinador da classe dos educadores, sendo mais uma forma de exercício de poder que se faz a partir dos próprios dominados, como aponta Foucault (1986)[21].

Esta reflexão perpassa a formação do educador infantil e mesmo como ele pensa seu papel em relação às crianças pequenas. As questões paradoxais e contraditórias – paparicação e menoridade da criança -, assim como as incongruências da escolarização em geral[22], estão presentes em cada educador infantil.

---

[21] A Associação Nacional para a Formação de Professores (Anfope) propõe uma formação sólida ao educador, envolvendo o estudo e a reflexão da Filosofia da Educação, da Sociologia, assim como das práticas regulamentadas e não regulamentares na educação. Ver: htpp://www.lite.fae.unicamp.br/anfope/

[22] A aliança Pedagogia/Medicina, as tentativas de "naturalizar" a infância etc.

Os projetos de formação dos professores para a Educação Infantil oscilam entre duas correntes. A primeira a entende como

> parte da luta pela valorização e profissionalização do magistério, considera a universidade como lugar privilegiado para essa formação; defende uma sólida formação teórica; assume a pesquisa como princípio formativo e elemento articulador entre teoria e prática e concebe o professor como intelectual. (CERISARA, 2002a, p. 333).

O outro grupo, cujo projeto é defendido pelo Conselho Nacional de Educação, está submetido às políticas neoliberais que impõem

> a retirada da formação das professoras das universidades e uma formação técnico-profissionalizante com amplas possibilidades de aligeiramento, sem espaço para uma reflexão profunda sobre os processos educativos, reduzindo o papel da professora a mera executora de tarefas pedagógicas e restringindo a concepção de pesquisa e de produção de conhecimento à esfera do ensino (CERISARA, 2002a, p. 333).

Para Hage (1997, p. 12), de uma maneira geral, os educadores estão esvaziados da *"dimensão pessoal de sua profissão"*, ainda que sejam vistos de maneias diferentes a cada década. Nos anos 1960, os educadores eram ignorados como sujeitos das pesquisas. Na década de 1970, os educadores eram acusados de reprodutores das desigualdades. Nos anos 1980, aparece o controle dos educadores, através das avaliações institucionais. É somente a partir dos anos 1990 que os estudos se voltariam para a subjetividade dos educadores, através de análises de seus relatos e práticas. Esta trajetória também pode ser pensada para o educador infantil.

Entre aquilo que se espera (nos documentos oficiais) do educador infantil, inclusive que tenha um curso superior (até 2007[23]) – gerando as propostas de programas de capacitação destes profissionais – e o que a realidade oferece, a distância ainda é grande.

---

[23] *Todas deverão até o final da década da educação ter formação em nível superior, podendo ser aceita formação em nível médio, na modalidade normal. Ou seja, até o ano de 2007 todas as profissionais que atuam diretamente com crianças em creches e pré-escolas, sejam elas denominadas auxiliares de sala, pajens, auxiliares do desenvolvimento infantil, ou tenham qualquer outra denominação, passarão a ser consideradas professoras e deverão ter formação específica na área* (CERISARA, 2002a, p. 329).

E essa distância se acentua pelo extremo idealismo em relação ao educador, tal como podemos perceber na proposta de Sousa (2003, p. 223), em que a formação do educador infantil deve contemplar as dimensões *"humanas, profissionais, culturais, históricas e contextuais"*, integradamente.

Na mesma perspectiva idealizada, Araújo (2003, p. 236) diz que o educador infantil deve ter a

> [...] compreensão da realidade social e das demandas educacionais existentes; compreensão da função social da educação e da pré-escola e os papéis decorrentes dessa relação; domínio dos conteúdos, práticas e tecnologias específicas da Educação Infantil; vivência de uma prática pedagógica experimental e inovadora; enriquecimento cultural e aprofundamento de conteúdos instrumentais da formação.

Nesta delimitação, o autor enfatiza a necessidade de um educador que reflete sobre sua prática. Talvez fosse necessário mais que isto: uma formação que o incluísse enquanto sujeito desta reflexão, algo que deveria ir além da capacitação de conteúdos. A capacitação conteudista (centrada em conteúdos e aquisição de conhecimentos) que costuma ser enfatizada na capacitação de educadores, aliás, é difícil de ser incorporada ou mesmo integrada ao cotidiano dos cuidados com a criança, lembra Sousa (2003), justamente por não ser significativa para o educador; por não ter sido construída a partir das referências que o educador dispõe.

Para além da capacitação, devemos refletir sobre a subjetividade do educador infantil; pois é só a partir disto que ele poderá dar sentido à sua prática. Por subjetividade de um educador, entendemos a confluência de várias tramas: do inconsciente, da história (fatos vividos e contemporaneidade), da formação profissional que se fez ao longo do tempo. Tudo isto costurando (ou costurado por) um desejo inconsciente – voltamos ao ponto de partida – face ao saber e ao conhecimento.

4.4. Um documento a mais na Educação Infantil: Base Nacional Curricular Comum (BNCC)

Como indicado acima, muitos marcos documentais se estabeleceram após o término deste relatório. Dentre eles, a Base Nacional Curricular

Comum/ BNCC, homologado em 20 de dezembro de 2017. A BNCC é um documento normativo que vem sendo construído desde 2015. Sua elaboração envolveu a parceria do MEC, do Conselho Nacional de Secretários de Educação (Consed) e a União Nacional de Dirigentes Municipais de Educação (Undime). Este documento buscou unificar temas e conteúdos para a rede pública e privada, ao longo da educação básica e fornecer uma referência nacional para a formulação de currículos e Projetos Pedagógicos em nível estadual e municipal.

No documento, disponível na internet, encontra-se o termo *competência* como eixo estruturante de todas as ações – pedagógicas, administrativas e financeiras – indicando se os resultados foram ou não satisfatórios. As competências básicas para a Educação Básica – Infantil e Fundamental – são:

- Valorizar e utilizar os conhecimentos historicamente construídos sobre o mundo físico, social, cultural e digital para entender e explicar a realidade, continuar aprendendo e colaborar para a construção de uma sociedade justa, democrática e inclusiva.

- Exercitar a curiosidade intelectual e recorrer à abordagem própria das ciências, incluindo a investigação, a reflexão, a análise crítica, a imaginação e a criatividade, para investigar causas, elaborar e testar hipóteses, formular e resolver problemas e criar soluções (inclusive tecnológicas) com base nos conhecimentos das diferentes áreas.

- Valorizar e fruir as diversas manifestações artísticas e culturais, das locais às mundiais, e também participar de práticas diversificadas da produção artístico-cultural.

- Utilizar diferentes linguagens – verbal (oral ou visual-motora, como Libras, e escrita), corporal, visual, sonora e digital –, bem como conhecimentos das linguagens artística, matemática e científica, para se expressar e partilhar informações, experiências, ideias e sentimentos em diferentes contextos e produzir sentidos que levem ao entendimento mútuo.

- Compreender, utilizar e criar tecnologias digitais de informação e comunicação de forma crítica, significativa, reflexiva e ética nas diversas práticas sociais (incluindo as escolares) para se comunicar, acessar e disseminar informações, produzir conhecimentos, resolver problemas e exercer protagonismo e autoria na vida pessoal e coletiva.

- Valorizar a diversidade de saberes e vivências culturais e apropriar-se de conhecimentos e experiências que lhe possibilitem entender as relações próprias do mundo do trabalho e fazer escolhas alinhadas ao exercício da cidadania e ao seu projeto de vida, com liberdade, autonomia, consciência crítica e responsabilidade.

- Argumentar com base em fatos, dados e informações confiáveis, para formular, negociar e defender ideias, pontos de vista e decisões comuns que respeitem e promovam os direitos humanos, a consciência socioambiental e o consumo responsável em âmbito local, regional e global, com posicionamento ético em relação ao cuidado de si mesmo, dos outros e do planeta.

- Conhecer-se, apreciar-se e cuidar de sua saúde física e emocional, compreendendo- se na diversidade humana e reconhecendo suas emoções e as dos outros, com autocrítica e capacidade para lidar com elas.

- Exercitar a empatia, o diálogo, a resolução de conflitos e a cooperação, fazendo-se respeitar e promovendo o respeito ao outro e aos direitos humanos, com acolhimento e valorização da diversidade de indivíduos e de grupos sociais, seus saberes, identidades, culturas e potencialidades, sem preconceitos de qualquer natureza.

- Agir pessoal e coletivamente com autonomia, responsabilidade, flexibilidade, resiliência e determinação, tomando decisões com base em princípios éticos, democráticos, inclusivos, sustentáveis e solidários. (MEC, 2017).

A Educação Infantil está dividida em três faixas etárias: bebês (zero até 18 meses), crianças bem pequenas (1 ano e 7 meses até 3 anos e 11 meses) e crianças pequenas (4 anos até 5 anos e 11 meses), divisão que corresponde, aproximadamente

> às possibilidades de aprendizagem e às características do desenvolvimento das crianças, conforme indicado na figura

a seguir. Todavia, esses grupos não podem ser considerados de forma rígida, já que há diferenças de ritmo na aprendizagem e no desenvolvimento das crianças que precisam ser consideradas na prática pedagógica (MEC, 2017).

De acordo com o documento, para a Educação Infantil, há duas etapas. A primeira, *Direitos de aprendizagem e desenvolvimento*, a partir do eixo estruturante Interações e Brincadeiras: Conviver, Brincar, Participar, Explorar, Expressar, Conhecer-se.

A segunda etapa se refere aos *Campos de Experiências*: o eu, o outro e nós/ Corpo, gesto e movimentos/ Traços, sons, cores e formas/ Escuta, fala, pensamento e imaginação/ Espaços, tempos, quantidades, relações e transformações. Para cada campo de experiências, definem-se objetivos de aprendizagem e desenvolvimento, de acordo com a divisão das faixas etárias.

Ainda é cedo para debater esta primeira apresentação. O documento está em estudo nas secretarias ou diretorias de Educação dos municípios e estados. Sem a conclusão deste primeiro estudo, não será debatido nas escolas para a modificação de currículos. Mas é possível levantar alguns pontos.

De acordo com Rezende e Sá (2018, p. 93), a BNCC

> Avança no sentido de evitar uma compartimentalização do conhecimento, porém também pode desconectar os conteúdos da educação infantil das áreas de conhecimento a que pertencem, que já compõem um repertório historicamente construído.

As autoras ressaltam que aproximar as atividades das situações cotidianas e do brincar pode ser muito enriquecedor, mas que isso não se afaste do conhecimento científico já estabelecido. A BNCC é bastante ampla e demandará um debate preciso nas redes estadual e municipal e, em seguida, em cada escola.

O que chama atenção no documento é a ênfase no letramento como meta de aquisição, ao invés de consequência do envolvimento da criança com a função social da escrita. Bebês e crianças pequenas precisam do contato humano para que qualquer aprendizado se efetive; e é fundamental que este contato se faça de maneira complexa e diversificada.

Como o documento, embora normativo, é amplo, será uma grande empreitada para os governadores, prefeitos e secretários para que se efetivem as melhores ações no sentido do aprendizado que sustente o ato educativo desde a ética da diversidade e da aposta. Educar não é mensurável por conteúdos e competências, menos ainda na Educação Infantil.

Os estados e municípios terão dificuldades principalmente nos locais em que o currículo, que só pode se construir em cada unidade de forma consistente, sistemática e teórica, não tiver respostas para os problemas que já carregam. Por exemplo: como lidar com alunos já progredidos que não apresentarem as competências solicitadas para sua faixa etária?

Cada unidade deve ter conhecimento de seus problemas, do contexto onde está inserida e as soluções viáveis. Isso não estará definido na BNCC. Na escola pública, em especial, as metas do Plano Nacional de Educação ainda não foram cumpridas:

> Quando lemos o texto da Base, o tempo inteiro, o que justifica sua formulação é a necessidade de ampliar a qualidade do sistema educacional brasileiro e com equidade, garantir acesso. Mas tudo isso está vindo sem uma contrapartida financeira. O Brasil não está cumprindo as metas do Plano Nacional de Educação. Então, essa ideia de qualidade, na verdade, é uma grande interrogação (PICCININI apud ANTUNES, 2017, s.p.).

Antunes (2017) indica que a educação básica tem sido muito visada pelo mercado e que há aproximações entre a formulação do documento e instituições educacionais privadas. Até aí, nenhuma novidade, pois mesmo o termo competência, fortemente individualista, já fazia parte de discussões e documentos desde a década de 1990, em detrimento de uma formação ampla e consistente (BARBOSA et al., 2018).

Todavia, tais instituições têm práticas voltadas apenas à formação de profissionais para o mercado de trabalho. Ligadas à Organização para Cooperação e Desenvolvimento Econômico (OCDE), que indica às empresas quais países cumprem orientações na educação e nas diretrizes financeiras; logo, onde se podem fazer investimentos privados. Um dos fatores atrativos é a mão de obra qualificada (ANTUNES, 2017).

A BNCC homologada é a terceira versão, com modificações importantes desde o início das discussões. Na Educação Infantil, reforçam a igualdade: *"da forma como está proposta, a BNCC serve de modo equivocado à proposição de um processo avaliativo e formativo homogeneizador tanto das crianças quanto de seus professores"* (BARBOSA et al., 2018, s.p.).

As especificidades da Educação Infantil, como espaço de cuidado e educação também não aparecem. A ênfase é na educação. A mudança nas versões do documento, com alterações significativas são apresentadas pelo grupo "Projeto Leitura e Escrita na Educação Infantil" (PROJETO, 2017). Este grupo participou da segunda versão e seu objetivo era o de elaborar diretrizes para a formação dos educadores na BNCC.

As alterações entre a segunda e terceira versões se deram desde a redução de páginas até ausência de pressupostos e referências para proposições importantes (como a forma de aprendizado das crianças pequenas) e demarcações conceituais pouco precisas, dificultando o balizamento necessário à posterior construção dos currículos nas escolas.

Neste sentido, pode-se observar que as reflexões já apontadas pelos RCNEI's também são úteis aqui e devem ser bem apontadas na efetivação da BNCC nas unidades. Muito há a ser feito e pensado para que haja espaço de outras conduções para crianças na escola, desde a mais tenra idade.

Como os currículos baseados na BNCC ainda não existem, teremos que esperar sua efetivação em cada cidade, nos níveis de ensino e forma de funcionamento (público ou privado). Também é importante que os interessados (da sociedade civil) e os dirigentes da área de educação tenham clareza acerca da origem do documento, suas articulações e possibilidades. Afinal, como documento normativo, a BNCC se colocará por longo tempo na realidade de crianças e educadores.

II – PSICANÁLISE E EDUCAÇÃO INFANTIL

Anteriormente, indicamos que a Educação Infantil se apresenta com algumas particularidades, que advêm de sua historicidade, de seus laços com a escolarização das crianças maiores, de suas influências de uma abstração do infantil. Vale lembrar que quando se fala do infantil não se está falando necessariamente de criança. Criança é uma idade do homem, como o são a juventude e a velhice; ou seja, a criança se refere a uma etapa de desenvolvimento corporal[24], já a infância está relacionada a uma concepção, a uma construção cultural, e, por isso, psíquica.

Do infantil histórico, agora atravessado pela leitura psicanalítica, chegaremos aos subsídios para compreender a subjetivação na infância e da constituição de uma subjetividade na criança e, também, do infantil na criança. Para, em seguida, refletir sobre a Psicanálise e a Educação e, como final, a Psicanálise e a Educação Infantil.

1. O infantil e a psicanálise

O infantil, para a Psicanálise, deve ser compreendido a partir de três "lugares", de acordo com Vorcaro (2004):

1. Formação imaginária do inconsciente no adulto – o reprimido;

2. Formação imaginária do ideal parental;

3. Formação simbólica em uma série de termos substituíveis – fezes → dinheiro → presente → filho → pênis.

Tomaremos o texto de Vorcaro (2004) como disparador desta reflexão, buscando conhecer a forma como a história social se organiza em cada um de nós, qual uma tessitura, um urdume tecido a muitas mãos. Assim,

---

[24] Corporal aqui como uma noção mais ampla, biopsicossocial, já que tais dimensões são inseparáveis, mas sem esquecer que a criança vive um momento de maturação neuropsicomotora que a faz "aberta" aos estímulos mais do que em outras idades.

pensemos esta relação da história da infância, o infantil, o imaginário, o reprimido e a constituição do sujeito[25].

Ao dizer da infância ou mesmo se dirigir às crianças, o adulto tende a vê-la de acordo com um ideal, a partir do que imagina ser uma criança – que ele, adulto, já foi, mas não se recorda. Não se recordar da própria infância, todavia, implica em tê-la, ausente-presente, no inconsciente, na forma de material reprimido.

Em nome deste "material esquecido", reprimido, o adulto diz da infância a partir de suas imagens (fantasias), compondo o imaginário sobre a infância. Logo, o imaginário social é composto das lembranças perdidas, proibidas e reprimidas que partem não só de cada adulto, mas também de todos os adultos, do social. O imaginário social sobre o infantil se faz, pois, de acordo com a história de todos e de cada um.

Os ideais de uma infância desprotegida, inocente e incapaz estão no imaginário social "contra" outras formas menos aceitáveis (e reprimidas) de pensar a infância que aparecem, por exemplo, nas canções de ninar. Bacha (2002b) lembra que estas canções sempre anunciam um ataque ("dorme neném que a cuca vem pegar", "boi da cara preta, pega esta criança que tem medo de careta"), assim como as brincadeiras de morder e apertar que o adulto faz com a criança. Reprimidos os desejos de ataque à criança, apareceriam, civilizadamente (por sublimação), em forma de brincadeira, de aconchego, de carinho.

Adultos e crianças se relacionam com o ideal de criança de formas diferentes: a criança sendo criança e o adulto, criando de acordo com a memória da criança que imagina ter sido. As lembranças que o adulto anuncia como próprias a este período reprimido são, em grande parte, construções a partir das defesas e do próprio processo de recalque secundário.

Uma das formas de compreender a existência da criança (o "sendo") é a perspectiva desenvolvimentista, enquanto idade e fase do humano[26]: a criança cumpre etapas e tarefas que se sucedem de acordo com sua idade, sendo que cada fase é pré-requisito da outra e cada etapa exige determinadas

---

[25] Os termos não são indicativos de uma sequência de assuntos, são temas que vão ser abordados aqui e ali.

[26] Tal como aparece na proposta piagetiana ou mesmo nas teorias da psicologia do desenvolvimento.

condições orgânicas, psíquicas e mesmo sociais para acontecer. Portanto, sob a ideia de desenvolvimento, há um sistema nervoso central que amadurece, no sentido de cumprir seu potencial de ação e contenção dos estímulos, levando o cérebro também à máxima especialização.

Nesta concepção de desenvolvimento, o cérebro e o sistema nervoso central possibilitam (mas não causam) a cognição, a motricidade e o exercício da razão[27]. Porém, a noção de desenvolvimento não se dá no vácuo, na ausência de estímulos e na ausência de outro humano que faz acontecer e advir um novo ser outro que filtra, modela, oferta estímulos enquanto se faz disposto e disponível.

Logo, o crescimento da criança acontece no mesmo tempo das transformações e fatos culturais, sociais, familiares, particulares. É necessário, pois,

> [...] recolocar o debate sobre os sentimentos, as representações, o surgimento da infância e seu declínio, num contexto outro, para além da clássica tensão entre biologismo e culturalismo. Tanto num quanto no outro, uma vez que a determinação jamais acontece no sentido forte do termo, não há lugar para se pensar as vicissitudes próprias da instituição de uma subjetividade (LAJONQUIÈRE, 2003, p. 141).

O corpo não está dissociado da palavra, e vê-se no corpo a emergência de um sujeito que se constitui, sem um detalhamento a partir da idade ou mesmo de fases. Esta constituição implica no estabelecimento que se em dado momento, a partir de uma encruzilhada de fatores que ultrapassam a questão do desenvolvimento (embora o inclua). Neste sentido, o que a criança faz é viver isto pela primeira vez, cumpre alguns passos, que lhe exigem posicionamentos, implicando em seu compromisso com os "lugares" (derivados destes posicionamentos) que escolhe a cada vez.

Estes posicionamentos se fazem de acordo com as narrativas familiares, pontos de contato entre a criança e seus familiares que darão – à criança – a noção de pertencimento que falamos anteriormente (na introdução). O pertencimento é tramado através da *Narrativa* familiar.

---

[27] Como possibilidade, o Sistema Nervoso Central não é determinante, ainda que o sujeito e seu funcionamento não prescindam da existência e integridade cerebral/neurológica. Não se pode negar que uma lesão cerebral/nervosa altere as viabilidades deste sujeito no mundo, assim como seu discurso, etc, tal como se vê nas demências, p. ex. Mesmo nestes casos, pode-se apostar no sujeito.

Para Levy (1994, p. 39), a Narrativa é:

> [...] um fenômeno de fundamento, constitutivo da condição do homem e essencial para a compreensão da maneira pela qual sua experiência caminha desde o fundo opaco no qual ela nasce é o reflexivo como retorno autocompreensivo sobre si [...] narrar é uma arte, falar sobre, um saber.

A Narrativa funciona como um enredamento, uma importante possibilidade de contato entre as pessoas, que não pode ser tomada como um objeto em si mesma, pois é a partir deste enredamento que se constrói a subjetividade. Quem narra uma história já passou por um momento de ouvi-la, de forma passiva, em que seu lugar de narrador ainda não estava demarcado. Para Jerusalinsky (1988), a narrativa parental posiciona a criança por antecipação, por identificação de suas questões na criança, de forma narcísica.

A narrativa parental é construída desde um momento prévio ao nascimento do ouvinte (expectativas, desígnios, escolha do nome etc.) aliando-se, depois, àquela que ele mesmo, ouvinte, contaria. Teríamos a narrativa de cada progenitor a respeito do filho e mesmo uma narrativa do casal sobre o sujeito.

Um narrador (no caso, um novo ser) se insere na narrativa familiar em dois lugares: do lado de quem conta e do lado de quem ouve o conto – acrescentando partes ao texto, interpretando lacunas ou enigmas. "Quem conta um conto, aumenta um ponto...", logo, o narrador é agente das histórias que narra. Mas para que este relato faça do ouvinte um narrador, é preciso que este seja movido por um desejo[28]. Somente em alguém que busca – que deseja – as histórias se tornam narrativas.

A narrativa criaria, para cada sujeito, a coesão entre as várias gerações de uma mesma família e a possibilidade de ligação entre os membros, vivos ou mortos. Por outro lado, a narrativa permitiria a semelhança entre as estruturas sintomáticas, já que em um mesmo grupo familiar há um limite de variações; já demarcado pelas experiências de suas próprias histórias.

---

[28] Desejo: *"Nascido de uma perda irreparável do objeto perdido pela censura (ou pela lei, instância simbólica), o desejo é a busca indefinidamente repetida dessa perda que não cessa de ser presentificada por outros objetos, sob aspectos aparentemente irreconhecíveis, procurando burlar a censura imposta ao desejante e ao desejado"* (CHAUÍ, 1990, p. 25).

Além disso, estão indicados aí – na narrativa – os lugares de cada membro, as suas funções e possibilidades, tal como em quebra-cabeças, em que tudo se encaixa, até mesmo os espaços faltantes têm uma forma. Assim como nos povos primitivos, esta transmissão predominantemente oral nos grupos familiares é carregada de segredos, de crenças, de novas interpretações, a cada um cabe contar a história de acordo com seu próprio entendimento e de acordo com as regras de seu grupo, relativizando a relação entre os fatos e a história – até que só reste a história do fato; aliás, esta seria a única e possível liberdade do narrador: na interpretação do que ouve.

Como a narrativa ultrapassa os limites de cada membro (familiar ou social), do fato, da história, podemos dizer que se narra uma subjetividade. Nesta narrativa familiar, verbal e não-verbal, via consciência e via inconsciente, através de palavras, gestos, atos falhos, silêncios, percebemos que, quando tais estórias são narradas, e ouvidas, deixam nós que servirão de pontos ao tecido sócio-histórico, para sua derivação.

Cada novo membro recebe a narrativa como uma herança que deverá adquirir para transmitir à frente, podendo até mesmo romper com alguns elos desta corrente, mas sem consegui-lo de todo. É algo como a imagem da árvore que cresce cada vez mais alto, quanto mais profundas forem suas raízes. Quanto mais o narrador se reconta em sua narrativa familiar, maior possibilidade terá de avançar em sua caminhada.

As marcas da narrativa são precoces, como indicamos, e os cuidadores da criança (familiares ou não) pressupõem nela uma subjetividade – sendo esta uma condição fundamental para seu advento:

> [...] partindo de sua própria experiência e história, o outro faz uma suposição das necessidades do bebê. Isto não quer dizer que mãe e bebê partilhem da mesma experiência, mas ao supor uma necessidade do filho ela está criando uma nova ordem de realidade, que, ao contrário do que muitos pensam, não é regida por instintos e sinais unicamente biológicos, mas pela sobreposição de uma suposição fundante ao funcionamento dos órgãos biológicos (WAJNTAL, 2000, p. 05).

Diferentemente dos outros animais, o homem nasce sem marcas, sem amarras instintivas que lhe apontem para que lado deva ir ou mesmo quais as condições de sua humanidade. Estas marcas advêm do outro, a partir da possibilidade de satisfação de suas necessidades básicas.

O bebê humano é desprovido de estratégias de satisfação da fome e dos cuidados para sua sobrevivência e fica à mercê do outro, que executa estes cuidados de forma excedente: cuida acarinhando, cuida falando, cuida através da linguagem. A linguagem, campo do Outro, traz as marcas significantes que fazem valer o corpo como algo além da materialidade, na virtualidade do desejo dos adultos cuidantes e mesmo das gerações anteriores.

Para cada ser humano, a narrativa, campo do Outro, permite a transição do inominado (a natureza) à cultura, através da educação de cada novo ser, em rituais, de aprendizagem e domesticação das vontades corporais; de forma a inserir cada sujeito na coletividade (ALBERRO, 2005, s.p.).

Assim, a narrativa também funciona como uma herança narrada, que remete ao trans-individual, a situações que podem ser anteriores a cada geração, através da instância do super-eu: *O passado, a tradição da raça e do povo, vive nas ideologias do superego e só lentamente cede às influências do presente, no sentido de mudanças novas"* (FREUD, 1932, p. 87).

Mas o que dá a "liga" entre uma narrativa e seu ouvinte, fazendo deste um narrador? É o afeto[29] (amoródio), representante da pulsão, já que é ele que a faz mover-se, traduzido em sentimentos e emoções, no Consciente. Sem o afeto (e as afetações), a escolha por tal ou qual parte da narrativa familiar seria arbitrária; mais que arbitrária, seria uma determinação que poderia assujeitar os ouvintes a quaisquer parcelas da narrativa, sem a sua participação; o que afeta um, não afeta o outro ou afeta de outra maneira.

As histórias que as pessoas contam sobre si mesmas, sobre suas famílias podem ter múltiplas cores, e podem ser sentidas como mais ou menos pesadas, mais ou menos difíceis, mais ou menos interessantes. Pode-se dizer muito em entrelinhas, em segredos, em frases inteiras ou até calar em palavras. A trama das histórias contadas e narradas podem ter um sentido

---

[29] Afeto: vem do latim *affiare*, que significa fazer algo a uma pessoa, afetar, mas o sentido principal é o de ser afetado por. Esta afetação se apresenta como uma descarga no aparelho psíquico, e serve como representante adicional às pulsões: *"o afeto é a expressão qualitativa da quantidade de energia pulsional e das suas variações"* (LAPLANCHE e PONTALIS, 1986, p. 34). A afetividade, em estado "puro" não deve ser entendida como carinho ou amor, mas como a tradução, na consciência, dos sentimentos: prazer, frustração, amor, ódio, ciúme, inveja, etc., referindo-se a uma "massa" de amoródio.

de bem-dição ou mesmo de mal-dição, dependendo de quem as lê e mesmo a partir de que ponto da narrativa são lidas:

> [...] temas do sexo e da morte, das relações pais-filhos, das relações intra e extraconjugais, dos tabus, proscrições e conspirações nas gerações precedentes, dos impulsos realizados à tôa e das dívidas contratadas afora de prazo, irresgatáveis e irreparáveis pelas gerações seguintes (BUCHER, 1985, p. 07).

A narrativa também nos remete à noção do *Imaginário*, tal como indicada por Lacan (1986), e que pressupõe uma relação de identificação em duas instâncias: o eu se identifica ao outro, o super-eu se identifica às normas. A noção do *Imaginário* foi descrita na teoria lacaniana como um dos três registros que circunscrevem a realidade humana; os outros registros são o *Real* e o *Simbólico*.

Pode-se entender o *Imaginário* como o registro *"...caracterizado pela preponderância da relação com a imagem do semelhante"* (LAPLANCHE e PONTALIS, 1986, p. 304). Percebe-se, pois, que tornar-se único, com identidade, tal como enseja o homem moderno, é algo que não acontece por originalidade, mas por assemelhamento, disfarçando as possibilidades de autenticidade isolada, que não se refira a uma relação com o outro.

A identidade é resultado de um processo, cujas etapas se iniciam com as identificações, a partir do *Estádio do Espelho*[30]:

> [...] drama cujo impulso interno se precipita da insuficiência à antecipação – e que, para o sujeito, apanhado na armadilha da identificação espacial, maquina os fantasmas que se sucedem, de uma imagem retalhada do corpo a uma forma que chamaremos ortopédica da sua totalidade – e à armadura enfim assumida de uma identidade alienante, que vai marcar com a sua estrutura rígida todo o desenvolvimento mental (LACAN, 1966a, p. 93-94)[31].

Como podemos entender isto? O Estádio do Espelho é um drama porque há uma encenação entre sujeito e objeto. Mais que isto, é uma ence-

---

[30] *Le stade du miroir comme formateur de la fonction du Je.* Segundo Roudinesco (1994, p. 126), esta seria *"a primeiríssima teoria do imaginário"* de Lacan (1936/1966a), cumprido pelo bebê entre 6 e 18 meses de idade.

[31] O fantasma se refere a uma construção imaginária que será a matriz das relações objetais, através das marcas das imagos parentais, protegendo o sujeito da castração: *"O fantasma funciona como uma janela para o Real, não para vê-lo, mas para mantê-lo não visto"* (KELLY, 1997, p. 111).

nação que responde a um impulso interno, a pulsão, que busca se satisfazer através de um objeto. Neste percurso pulsional, teríamos uma passagem de um momento em que o corpo, primeiro espaço do eu, se mostra despedaçado pela força das pulsões parciais. É de fora, através de uma proposta do outro[32] – mãe [33] – que vem a possibilidade de sua integração.

A mãe diz dele, bebê, nomeia-o, toma-o como inteiro e inteiramente seu; é prerrogativa da mãe o pertencimento. Entretanto, esta nomeação feita pela mãe, como vimos acima, é uma projeção, a partir do que ela consegue apreender dele, através de suas identificações e de seu desejo. Forma-se uma identidade alienada ao discurso alheio sobre si mesma, mas sem esta identidade (ainda que não original), não haveria possibilidade de uma organização do psiquismo. Os primeiros significados advêm das imagens "propostas" pela mãe, proporcionando uma *gestalt* ao corpo despedaçado do bebê.

O corpo despedaçado do bebê é da ordem do *Real*, registro que indica a impossibilidade de mediação significante. Diversamente de um conceito consensual de realidade, o Real é aquilo que não pode ser representado essencialmente, o que não pode ser capturado como um Significante no aparelho psíquico. O Real não é percebido, a não ser como susto ou horror; a partir do momento que falamos dele, já "caímos" no registro do Imaginário ou do Simbólico. Assim, estes dois registros buscam lidar com o Real, dando-lhe sentido.

O Imaginário opera o Real através das fantasias e das identificações. A identificação, tal como conceituada no Estádio do Espelho, é um processo que se dá em relação a uma imagem virtual, potencial. O percurso da imago corporal ao eu implica em passar de um período de vazio de si a um preenchimento que parece ser o de uma particularidade. O eu formado na identificação se revela como uma referência a

---

[32]   O outro (a) é aquele da relação imaginária, dual, o semelhante, costumeiramente referente a uma pessoa. O Outro (A) indica uma alteridade simbólica, um código maior, em geral despersonalizado, a linguagem, a cultura. No estádio do espelho, a relação é com o outro, mas pressupõe-se a existência do Outro para que tal aquisição da cultura seja possível. Quando interditado pela lei, o Outro aparece como A. Em alguns momentos, a figura da mãe "mescla" outro e Outro (KAUFFMAN, 1993).

[33]   Cabe aqui tanto pensar a mãe, biológica ou não, bem como a mulher ou homem que se oferece como agenciador da maternagem da criança, como também a função materna, exercida ou não por mulheres, mas que cumpre o mesmo agenciamento de pertencimento.

uma especularidade inevitável, em que não se escolhe com quem se vai identificar. Já apontara Freud (1923) que o eu é um amálgama de identificações abandonadas. A originalidade de cada eu, repetimos, estaria na articulação de tais restos identificatórios.

Como um imã, o eu atrai todas as posteriores identificações em torno dessa primeira construção, aliadas às representações fantasmáticas (da relação objetal). Para dar consistência a esta identidade, o imaginário familiar, através do discurso da narrativa, cumpre um papel importantíssimo.

O eu estaria situado numa linha de ficção, na miragem de uma relação dual, a gestalt anunciada pelo outro, que é constituinte e instituinte de uma relação imaginária. Portanto, o eu se assemelharia a uma formação onírica que permite uma ilusão de autonomia e independência em relação ao discurso alheio que o formou (LACAN, 1966a).

O Estádio do Espelho pode ser entendido na obra freudiana como o período do *narcisismo primário*. O narcisismo primário estaria além do auto-erotismo, unificando-o e dando-lhe forma. É um momento em que o organismo se encontra como uma unidade fechada, num estado prototípico do sonho e do sono. Está ligado à necessidade e à alucinação das satisfações, e este movimento alucinatório acaba por dar sentido às experiências auto-eróticas, em que o corpo é investido de si mesmo, pelas pulsões.

Do auto-erotismo ao narcisismo, diz Laplanche (1977), o Estádio do Espelho vem permitir uma identificação. Tal identificação, para o autor, nada mais é que a possibilidade de um sujeito se conhecer ao se reconhecer no discurso que o outro faz sobre ele, conhecer o mundo através do outro. Além disso, é pelo Estádio do Espelho que se introduz o *Complexo de Édipo*, apresentado em três tempos (LACAN, 1999).

O Estádio do Espelho é o *primeiro tempo do Édipo* e, mesmo com um esboço de sujeito ao seu final, a criança ainda permanece muito ligada à mãe; busca se manter próxima àquilo que acredita que a mãe deseja dela. Temos que pensar esta relação como referenciada ao *falo*[34] e que a criança se coloca na *"...dialética do ser ou não ser o falo"* para a mãe (DOR, 1989, p. 81).

---

[34] Lembramos que Falo é *"...a função simbólica desempenhada pelo pênis na dialética intra e inter-subjetiva"* (LAPLANCHE e PONTALIS, 1986, p. 224), *"...não é o aparelho genital masculino em seu conjunto, é o aparelho*

A identificação imaginária da criança à mãe é "imediatizada" (sem mediação); a crença da criança em sua colocação de objeto que completa a mãe é certa. A mãe, nestes primeiros momentos, é absoluta, é Outro não castrado, não barrado por qualquer lei, dá todas as coordenadas da vida da criança, sendo-lhe o ponto de apoio e o porto seguro. Esta primeira identificação é imaginária e fálica (a criança como objeto fálico da mãe).

Se existe na mãe uma censura a esta crença de relação completa com a criança, haverá um limite – temos, então, que a mãe pode se mostrar como absoluta na vida do bebê, mas que isto não pode ocorrer todo tempo, ela deve ser Outro, cumprindo uma função para além de si mesma, no sentido da interdição do incesto.

Há um momento em que a imediatização se rompe e a interdição acontece de forma específica: o pai[35] entra nesta relação como um intruso, principalmente como mediador do acesso do bebê à mãe. Impedindo a relação livre e fusional entre mãe e criança, este pai priva e frustra a criança neste lugar fálico. Permanece a dialética do ser/não ser o falo e o pai é visto à maneira do Deus do velho testamento, poderoso e raivoso, capaz de castração efetiva. Frente a esta autoridade, a criança sucumbe como rival, pois o pai é escolhido e preferido pela mãe. Logo, ser o falo para a mãe é proibido, ou seja, recalcado.

O Outro, neste segundo momento (*segundo tempo do Édipo*), apresenta-se a partir da ação da própria criança que "linguageia". Mediadora e representante das coisas, inclusive do sujeito-criança, a linguagem se faz castradora: a linguagem é o elo de comunicação entre os sujeitos, mas também é motivo de confusão, pois a linguagem não diz tudo. Somente na psicose (e em alguns surdos oralizados, em que a linguagem toma ares de "concretude" e não de jogo simbólico), a linguagem toma um caráter absoluto, como se fosse uma "caixinha de significados", passível de ser apreendido totalmente. Nestes casos, a linguagem é total e aprisionante.

Podemos compreender este segundo tempo através do acesso da criança à palavra. O acesso à linguagem é o jogo da presença e da ausência

---

genital masculino com exceção de seu complemento, os testículos [...] A imagem ereta do falo é o que é fundamental..." (LACAN, [1959/1960] 1995, p. 49). O falo é sempre relativo ao poder – quem o tem, pode.

[35] O pai é o terceiro, a partir do desejo da mãe, mas também é uma função (função paterna), ocupando o olhar da mãe. A função paterna é a de privar o filho da mãe.

do outro. Quando fala, a criança mediatiza as relações e faz da palavra a presentificação do mundo que a cerca e mesmo de sua realidade psíquica. Só que a palavra não diz tudo... e mais se fala para talvez tudo dizer (QUINET, 1986).

O *terceiro tempo do Édipo* se refere ao declínio do Édipo: o pai não tem o falo, a não ser como um atributo. O importante não está mais em ser, mas em ter atributos fálicos. O pai tem o poder de interditar, não é, ele mesmo, equivalente à interdição. A simbolização da Lei, Outro, através da compreensão do pai como representação da cultura, permite à criança inscrever-se neste mesmo lugar. Desta maneira, a criança passa à dialética de ter ou não ter o falo, para poder ser sujeito e não falo, já que *"...a dialética do ter convoca, inevitavelmente, o jogo das identificações"* (DOR, 1989, p. 88) e a criança se coloca identificada ao genitor do próprio sexo em busca de conquistar o genitor do sexo oposto.

Por outro lado, há uma identificação simbólica a esta lei. Há a introjeção do Nome-do-Pai (LACAN, 1966b) que funciona como uma metáfora, substituindo mãe (enquanto Outro), por ocasião do segundo tempo do Édipo. O Significante do Nome-do-Pai "toma" seu lugar no psiquismo, permitindo que a cadeia de significantes se opere. O outro (também Outro, agora interdito) ao qual o eu se identifica não desaparece de todo pelo processo de identificação.

Em Freud (1919), vemos que o outro permanece, como uma "aparição interna", cobrando-lhe (do eu) o que deve fazer, criticando-o; noção que surgiria posteriormente como a instância do super-eu. O super-eu é o outro das normas, dos deveres, das imposições, mas principalmente dos ideais a seguir. Sendo assim, o super-eu é relativo à inscrição do sujeito no registro do Simbólico.

O aspecto Imaginário da construção da identidade dá acesso ao Simbólico:

> [...] as histórias de amor ou de ódio que o sujeito narra para si encontrarão na dimensão simbólica do fantasma a matriz que preside à sua organização, quando a marca do eu, a ilusão de domínio as caracterizam em seus desenvolvimentos. (BROUSSE, 1989, p. 81).

Então, a percepção do mundo, na construção de sua realidade psíquica, voltando ao registro do Imaginário, se dá também, através do discurso familiar. A cada família, novas formas de se apresentar a formação do eu e novas as formas de se pensar as relações objetais.

As relações objetais – eu/outro ou Sujeito/Outro – pressupõem uma condição subjetiva de manejo de representações psíquicas que suportem o desacerto pulsional (entre a satisfação e o objeto) e a castração – esta como o eixo central em torno do qual se organiza o psiquismo.

Em outras palavras, as representações psíquicas, na medida em que exige um posicionamento frente à ausência de algo que, miticamente presente, permitirá não faltar mais.

A *castração* alude à falta do genital masculino na mãe (temor de perdê-lo, no menino, ausência, na menina). Green (1991) nos indica que a palavra **sexo** vem de **sexion**, que significa cisão, separação. Há, então, uma separação (castração) inerente ao desenvolvimento da sexualidade humana. Sendo a sexualidade mais que um ato, pode-se pensar que a castração ultrapassa a referência ao corpo. A castração biológica tem sua representação, no falo, dizendo respeito ao poder suposto pela relação total com o objeto. Assim, a ideia de castração é a própria falta e pode ser compreendida como anterior mesmo ao Complexo de Édipo, suas raízes estando presentes nas primeiras experiências de separação: nascimento, desmame, evacuação.

O Complexo de Castração no Édipo revela a angústia decorrente da percepção das diferenças sexuais e, consequentemente, a identificação imediata entre pênis e falo (sem pênis, sem poder, sem valor). Se o pênis está ausente, o falo é perdido. Da dialética do **ser o falo** à de **ter o falo**, nos três tempos do Édipo, uma trajetória que implica em discriminar os perceptos e as relações. O Complexo de Castração instaura uma *"...função interditória e normativa"* (LAPLANCHE & PONTALIS, 1986, p. 111) e é o avesso do Complexo de Édipo (do qual falamos brevemente acima).

A repressão, então, opera no sentido de encobrir esta castração "fundante", por assim dizer, e é exercida a qualquer momento em que os conteúdos inconscientes anunciarem sua possibilidade de saída, indicando que não se pode tudo, que se quer mais que qualquer coisa, parar o pulsar, estancar a tensão.

O manejo da castração tanto se refere a cada sujeito quanto ao meio social em que está inserido. Para Lévi-Strauss (1974), em introdução à obra de Marcel Mauss, o inconsciente é social, é o espaço em que o subjetivo e o objetivo se encontram. *"Toda cultura pode ser considerada como um conjunto de sistemas simbólicos em cuja linha de frente colocam-se a linguagem, as regras matrimoniais, as relações econômicas, a arte, a ciência, a religião"* (LÉVI-STRAUSS, 1974, p. 9).

Logo, a cultura se complementa ao psiquismo e vice-versa, num dinamismo em que o psiquismo é *"ao mesmo tempo simples elemento de significação para um simbolismo que o ultrapassa, e o único meio de verificação de uma realidade cujos aspectos múltiplos não podem ser apreendidos fora dele mesmo, sob a forma de síntese"* (LÉVI-STRAUSS, 1974, p. 15-16).

Cultura e psiquismo se complementam em função de sua articulação com a linguagem. Todavia, não devemos pensar esta complementaridade como um encaixe da ordem da completude, inexistente para o humano. Se de um lado, a linguagem é a condição do psiquismo, é sua ex-sistência:

> A linguagem faz ex/istir o sujeito. Ou seja, o faz existir fora-de-si. A linguagem recorta as fronteiras de sua pátria, mas no seu interior o condena ao exílio, à ausência. Assim, a linguagem cobra dele um preço muito alto por fazê-lo existir: arranca-lhe seu "próprio" ser (LAJONQUIÈRE, 1994, p. 63).

A narrativa é a chance de dar pertencimento ao sujeito, mas também pode ser sua perdição:

> O sujeito não sabe quem é, e por isso mesmo fala com outros na tentativa de achar a resposta, na tentativa de que ele, ou alguém profira, no dizer, uma representação que o represente sem perda. Uma representação que coincida com o representado, isto é, que costure a fenda que o desgarra, e que a psicanálise chama de desejo (de ser) (LAJONQUIÈRE, 1994, p. 63).

Bem, vários termos foram mencionados nesta exposição e é preciso "costurá-los", indicando alguns pontos de contato e disjunção, para que avancemos em nossa discussão:

- A história (da humanidade e de cada família, enquanto fatos – imaginados, acontecidos ou não) se transmite pela narrativa familiar, que dá a noção de pertencimento à criança, em relação à humanidade e a seus pares;

- A narrativa faz uso da linguagem, enquanto Outro – registro do Simbólico;

- A linguagem também está no registro do Imaginário e dá acesso às coisas imaginadas, às fantasias e ao fantasma;

- A linguagem se apresenta, enquanto significante, como uma das formas de representação pulsional no inconsciente, manejando afetos de acordo com a narrativa;

- A realidade psíquica traz, portanto, as formas das realidades de vários psiquismos, de tal forma que o inconsciente em cada sujeito seja representante do social e que a narrativa seja, em si mesma, material inconsciente;

- O cotidiano psíquico se faz pelo acesso à linguagem em cada sujeito, não significando que baste *linguagear* para tudo dizer ou fazer; já que a linguagem é sinal de castração.

Ora, a concepção de infantil, então, é fruto de uma narrativa que traz marcas inconscientes, sendo a mais importante a que se refere à castração. Aliás, é em face à castração que o aparelho psíquico se constitui.

O que o homem moderno reprime em sua representação do infantil? Tudo o que se referir à desilusão da existência, à morte e mesmo às "imperfeições" das crianças; a serem continuamente corrigidas em aparelhos ortodônticos, encaminhamentos fonoaudiológicos, psicológicos, etc., com vistas a um futuro adulto totalmente restaurado, completo, feliz.

O anúncio dos pais "meu filho terá tudo que eu não tive" parece desprezar a conquista necessária ao viver, que só acontece através do encontro com o (im)possível, com a falta. E já é possível notar os efeitos deste "discurso do amanhã" (GOMES-KELLY, 2004), nos adolescentes que se voltam para práticas totalizantes e alienadas como as drogas e o consumismo desenfreado.

Em nosso cotidiano, a narrativa opera de modo simbólico, encadeando o desejo através de articulações significantes que implicam a falta e a castração, já que as tramas narrativas, como vimos anteriormente, estão mais voltadas àquilo que não é dito e que se faz presente para além das palavras.

Nas narrativas Pós-Modernas, há conteúdos que não advêm da tradição familiar, das apostas dos cuidadores significativos. Vêm dos filmes, dos blogs, das redes sociais, das informações da internet – rápidas, fugazes e genéricas, não permitem a sistematização do laço social, de acordo com as tramas e urdume de cada comunidade.

Os adultos parecem ver nas crianças a possibilidade de uma plenitude que não viveram (nem vivem), a certeza de há uma felicidade sem preço e um bem-estar perene e assintomático, bastando suprir as necessidades; tratando o desejo como uma necessidade fisiológica e não como algo que se faz ao desejar (DOLTO, 1999).

De sua parte, as crianças "compram" este sonho de felicidade, bancando-o com o próprio corpo e com a formação de vários sintomas, que reforçam a ideia de uma existência totalmente feliz, em contraposição àquela do adoecimento que deve ser consertado o quanto antes (com remédios, medidas terapêuticas, medidas pedagógicas ou (psico)pedagógicas).

Na escola, os efeitos desta lógica pasteurizada/idealizada se fazem presentes e podem influenciar definitivamente as relações com o conhecimento, com a aprendizagem, principalmente entre as pessoas. O que a Psicanálise pode contribuir para que se pense a escola e a educação, já que a escola não é só lugar de aquisição de conhecimentos?

2. Psicanálise e Educação

Uma teoria que pensa sobre o humano, e o fazer-se humano, pode ser interpretada como referente à prevenção ou à profilaxia. Não foi diferente com a Psicanálise, como promessa de se chegar a um "homem melhor". Mas a Psicanálise serviria a este propósito?

As relações Psicanálise e Educação são iniciadas pelo próprio Freud, com sua preocupação quanto à possibilidade de existência de uma educação não repressora, que não neurotizasse o sujeito. Todavia, Freud (1927, p. 66) percebe que não há civilização sem repressão, sendo esta a essência mesma da cultura, e a repressão deve ser exercida precocemente para que a convivência se torne viável:

> A civilização, porém, não pode operar de outro modo, de uma vez que o desenvolvimento, tão longo quanto as eras, do gênero humano, está comprimido em uns poucos anos de infância e é só através de forças emocionais que a criança pode ser induzida a se assenhorar da tarefa que lhe apresentam.

Ao refletir sobre esta colocação de Freud, Millot (1987, p. 114) a reforça: *"a civilização é o resultado do processo educativo da humanidade"*. Não há a possibilidade de educar sem reprimir, de chegar à ordem simbólica sem a castração: *"não há humanidade sem neuroses, não há civilização (no sentido de aculturação) sem mal-estar"* (MILLOT, 1987, p. 124).

Nem profilática nem preventiva, a Psicanálise não dá indícios da melhor conduta e mostra que a educação é um processo incômodo e nem tão feliz. Mesmo assim, a Psicanálise não passa imune às tentativas de ajuste (psico)pedagógico no processo de psicologização da educação. Estes ajustes, na maior parte das vezes, negam os fundamentos da teoria psicanalítica, referentes ao Inconsciente e aos conflitos entre o desejo e sua viabilidade:

> O termo psicopedagogia psicanalítica não recobre o conjunto das incursões psicanalíticas na educação. Entende-se por tal a pretensão de se encontrar uma educação "no ponto", ou seja, uma matriz de intervenções junto às crianças, capaz de vir a convertê-las em adultos sem padecimentos psíquicos. (LAJONQUIÈRE, 2002, p. 114).

A educação se refere à criação dos jovens humanos, bem como à escolarização (tanto na língua alemã como na portuguesa), como apontamos na introdução. Numa e noutra dimensões, há uma relação de alteridade na educação que faz acontecerem a repressão e os comportamentos aceitáveis/inaceitáveis. A educação acontece através do Outro, no interior da linguagem; como tal, é marcante e fundante.

Um exemplo de uma tentativa de educação psicanaliticamente orientada pode ser visto nas considerações do "Pequeno Hans" (FREUD, 1905). Neste caso, a saída do pai de seu lugar de função sintomatiza o filho (não prevendo nem impedindo a formação de sintomas):

> Assim, na medida em que o pai de Hans procurava ilustrar com o menino a teoria freudiana acerca da sexualidade infantil, acabava por elidir uma dimensão fundamental da ética que deveria permear a educação de crianças: impedia-se de

> questionar sobre o desejo que anima o próprio ato educativo. Portanto, a educação de Hans ocorre em nome da moral, na medida em que o menino era chamado a encarnar o ideal da teoria psicanalítica. Hans responde a isto com seu sintoma. (LIMA, 2002, s.p.).

As marcas educativas – presentes na narratividade a partir do imaginário – são inevitáveis, não podendo ser "sanadas" por quaisquer teorias; já que a criança chega "crua" ao mundo. Em sua crueza, não há escolhas prévias às delimitações advindas do adulto, que não pode esperar a criança crescer para educá-la. A proposta, pseudo-liberal, de dar voz às crianças em assuntos complexos, que estas nem conseguem compreender, denota a dificuldade dos adultos em se posicionarem e construírem acerca de saberes que também não detêm.

Freud (1930) diz que os adultos negam o desacerto e o mal-estar trazidos pelas vivências da sexualidade e da agressividade, buscando convencer os mais jovens de que isto seria virtuoso; e que recusar este mal-estar é possível. Revelar esta hipocrisia dos adultos, impedir a repressão do manejo desse mal-estar, no entanto, não é tão simples, diz Freud (1932), pois criaria uma série de revolucionários que inviabilizariam uma sociedade baseada em direitos e deveres, em concessões e tarefas a serem partilhadas, sem contar a capacidade de assumir a responsabilidade pelas próprias ações. O ideal, segundo Freud (1932, p. 182) seria o caminho que permitisse *"à educação atingir o máximo com o mínimo de dano [...] uma questão de decidir quanto proibir, em que hora e por que meios".*

Quando se transpõe a proposta freudiana para o momento atual, observa-se, com o exagero de acessórios e gadgets, por exemplo, ao invés de manejo do mal-estar, as pessoas (e as crianças e jovens) encontrariam soluções. Desta forma, os adultos educadores se esquivam da tarefa do posicionamento que faz exemplo de manejo e do enfrentamento que pode advir das palavras acerca disso.

Oferece-se um caminho ideal(izado) através de livros e manuais de autoajuda (e programas como a Escola de Pais), propondo a melhor forma (ou a forma certa) de cuidar das crianças. O que é impossível, dado que não há, no humano, generalização/certeza nas relações e não se contém a inevitabilidade do imprevisto.

Esta expectativa de solução mágica, de resposta certa, parece ser o que norteia, também, o espaço escolar, com o agravante de "acreditar" que tais receitas poderão evitar as marcas presentes nas relações educadores-educando ou mesmo o desejo do educador. Uma das formas desta tentativa de evitação é compreender a educação apenas como ensino, o que leva à máxima padronização dos métodos de transmissão ou à preocupação em aprender mais e mais métodos – o *furor docendi* (FRASSETO, 2001).

Retomando colocações anteriores deste texto, educar é mais que ensinar, é uma *"prática social discursiva responsável pela imersão da criança na linguagem, tornando-a capaz por sua vez de produzir discurso, ou seja, de dirigir-se ao outro, fazendo com isso laço social"* (KUPFER, 2001, p. 35). Logo, educar é propiciar caminhos de subjetivação, na constituição de sujeitos que tramam, coletivamente, a própria subjetividade; é uma prática de extrema importância e que, pode-se dizer, dá acesso a outras práticas e fazeres, já que não se desvincula do cotidiano.

A Psicanálise pode oferecer críticas e problematização à "educação" moderna, apontando para as falhas de seu papel simboligênico quando se centra apenas nos métodos e na aquisição de conteúdos. A denúncia destas falhas (da educação "moderna") pode ser feita a partir de vários de seus elementos, fora ou dentro da escola. Da escola, escolhemos o educador, pela importância de seu papel de mediador.

De acordo com Freud (1932, p. 183), o educador é a via de construção de uma educação mais adequada:

> [...] ele [o educador] *tem de reconhecer a individualidade constitucional da criança, de inferir, a partir de pequenos indícios, o que está se passando na mente imatura desta, de dar-lhe a quantidade exata de amor e, ao mesmo tempo, manter um grau eficaz de autoridade.*

A única maneira de fazer isto seria pela análise do próprio educador. Freud (1932, p. 183) coloca: *"a análise de professores e educadores parece ser uma medida profilática mais eficiente do que a análise das próprias crianças, e são menores as dificuldades para pô-la em prática".*

Na prática, não caberia levar a Psicanálise às escolas como meio de aplicação. A aproximação Psicanálise-Educação vale, antes e apenas, pela contribuição ética oferecida pela Psicanálise e não por sua aplicação direta. Através da Psicanálise, muitas questões podem ser feitas à Educação e ao educador, dando abertura ao barulho e ao incômodo do saber e não à pseudoplacidez do conhecimento. Tradicionalmente, a escola tende a negar à criança a dimensão (fundamental) do prazer inconsciente em favor da normatização, silente e quieta – uma educação que se funda na coerção (BACHA, 2002a).

Dimensões negadas à criança, e, por consequência, do educador em relação ao próprio inconsciente e à própria motivação para a profissão, advinda de sua história e da trama de um desejo inconsciente. Na visão de Bacha (2002a), o educador é *mestre (e) cuca*, pois nutre e se nutre do ato de educar; aliás, o inconsciente pouco difere comer, evacuar, morder, amar, odiar e conhecer. Logo, *"talvez não haja motivação maior para o aluno aprender do que o desejo do professor pelo seu conhecimento"* (BACHA, 2002a, p. 101).

Então, para que o educador reconheça seu desejo de educar, o espaço da educação seria outro: *"a educação não deve funcionar cegamente (contentando-se, por exemplo, com a aquisição de automatismos), mas fazer um lugar para o desejo e se abrir sobre possibilidades de permanente invenção"* (MANNONI, 1989, p. 72). A aproximação da Psicanálise à Educação faz com que a Psicanálise mostre seus limites, limites esses que longe de serem obstáculos, podem desencadear em novas ideias no sentido de *"inocular nas crianças o germe do movimento de tentar o impossível"* (LAJONQUIÈRE, 2002, p. 126).

Portanto, *"quando uma ilusão se sabe ilusão, fica resguardada a distância entre o sujeito e o registro dos ideais, que é outra que a fenda mesma do desejo"* (LAJONQUIÈRE, 2002, p. 124). Desejando, pode-se almejar o ideal e prosseguir desejando.

Partimos, pois, da EDUCAÇÃO IDEAL para o IDEAL DA EDUCAÇÃO. A partir das obras de Filloux, Cordié e Mannoni, Camargo (2005, p. 39) tece algumas reflexões: *"A **educação ideal** sustenta-se mais pela identificação a um modelo, que pode mudar conforme a época. A educação ideal se situa sobre a vertente imaginária, enquanto o **ideal da educação** tem mais a ver com o simbólico"*.

A educação ideal é aquela que fundamenta a pedagogização da educação, a ênfase em métodos e práticas que valorizam mais as formas de intervenção educativa do que o sujeito. Esta é uma definição da educação pervertida:

> Educação pervertida porque dessa forma, ao suturar o sujeito do desejo, torna-se não um meio de compactuar com a projeção de sonhos e perspectiva futuras, com a vida subjetiva, as transformasse em instrumento de fazer calar a palavra do sujeito, equivalente à morte, senão real, simbólica. (CAMARGO, 2005, p. 39)

Tal educação, pervertida em seu caminho de dar abertura ao desejo, influencia o educador, o qual não se oferece como aquele que

> Coloca os objetos do mundo a serviço de um aluno que, ansioso por encontrar suas respostas ou simplesmente fazer-se dizer, escolherá nessa oferta aqueles que lhe dizem respeito, nos quais está implicado por seu parentesco com aquelas primeiras inscrições que lhe deram forma e lugar no mundo. (KUPFER, 2001, p. 125).

Educar, com vistas ao reconhecimento do (sujeito do) desejo, faz-se de muitas formas, com poesia, arte, redação ou discussão literária, até mesmo com os sistemas apostilados. Neste sentido, os instrumentos pedagógicos não são considerados como o centro do trabalho educativo, mas, sim, o sujeito.

Saber desta abertura do ato de educar (em sua dimensão mais ampla) permite reconhecer que a aprendizagem não é algo pré-determinado, a não ser pelas marcas fantasmático-históricas que nos atravessam – inclusive as do educador. Só assim há estilo e a possibilidade de "oxigenação" do saber (muito além da mera reprodução), de discursos que circulam e sujeitos que se manifestam.

A circulação de saberes impõe a triangulação das relações – condição do Simbólico – e isto se faz na escola através do educador, o aluno e o conhecimento:

> No processo de ensino e de aprendizagem temos uma relação triangular, cujos protagonistas são o professor e o aluno, sujeitos do desejo, e o conhecimento, objeto que circula nessa estrutura social e relacional. Tal como no Édipo, a relação que caracteriza a aquisição do conhecimento, nas aprendizagens escolares, pode ser interpretada desde as suas funções imaginária (a relação transferencial especular/

> dual professor/aluno), simbólica (o objeto de conhecimento enquanto conhecimento do Outro, inserido na linguagem e na cultura) e real (a ausência de garantias que marca o "impossível" da educação tanto quanto a impossibilidade radical de realização do desejo – furo no real do corpo pulsional) (ALMEIDA, 2001, s.p.).

O conhecimento se sustenta no desejo de saber, que em última instância, se refere à origem dos bebês e às relações entre os genitores. No texto sobre Leonardo da Vinci, Freud (1910) aponta que este é o solo sobre o qual se assentará, após a dissolução do Complexo de Édipo, a busca da aquisição do conhecimento, na dinâmica da pulsão epistemofílica.

Kupfer (1989) acrescenta que o interesse pelo conhecimento – a curiosidade – deriva-se da pulsão escópica (visual), a qual, sublimada, associa-se à pulsão epistemofílica e se dirige aos objetos em geral. A pulsão escópica é relativa à fantasia da cena primária, imaginada na forma de uma cena pelo sujeito para que possa compreender a própria origem.

Da pulsão escópica advêm *"o prazer de pesquisar, o interesse pela observação da natureza, o gosto pela leitura, o prazer de viajar (ver coisas distantes e novas), etc."* (KUPFER, 1989, p. 83), do lado do aluno, e também do lado do educador. Conhecer pode vir a ser uma *"significação fálica possível"* (ALMEIDA, 2001, s.p.), relativamente à posição subjetiva que a criança ocupa face ao desejo do Outro, a ser representado (em termos imaginários e simbólicos) pela figura do educador.

De um lado, o aluno cativado pela trama transferencial, dirigida ao educador – condição de caminhada para o aprendizado do aluno de acordo com o que acredita ser a expectativa do educador em relação a ele e ao que consegue produzir. De outro, o educador, capturado por suas próprias vivências imaginárias, as quais ditam as cores de sua "sedução" ao aluno para que chegue ao conhecimento e às possibilidades de saber:

> Ao projetar no aluno suas fantasias (de reparação, de onipotência ou quaisquer outras) e ao "seduzi-lo" para que esse lhe responda desde uma posição subjetiva de assujeitamento, o professor estará atualizando, ele mesmo, a sua própria condição subjetiva face ao desejo e à castração. (ALMEIDA, 2001, s.p.).

Portanto, importa o que o aluno representa inconscientemente para o educador, assim como *"de que lugar, imaginário ou simbólico, ele responde ao desejo de saber do aluno ou à sua obstinação de nada querer saber"* (ALMEIDA, 2001, s.p.). A representação do aluno pode vir associada a uma afetação (amor/ódio) que não deve ser excessiva ou (idealmente) nem deveria existir, já que isto impede o educador de enviar o aluno ao saber e ao conhecimento, centralizando em si mesmo as vicissitudes do aluno.

Para além das afetações, o saber (que não se quer saber) da castração. Pela via deste (não) saber, o conhecimento ganha sua dimensão simbólica, remetendo o sujeito para outros conhecimentos, encadeando significantes, possibilitando a existência do desejo:

> Posso supor que o conhecimento que verdadeiramente se ensina é o que se transmite como efeito de um Saber sobre a própria castração, em uma relação educativa que é sempre de filiação e de reconhecimento do valor simbólico da diferença que marca o lugar de cada um na cadeia de transmissão. Neste sentido, o conhecimento possui a mesma estrutura que está na origem da constituição do eu. É preciso um Outro suposto-saber que confirme e reconheça o movimento de conhecer do aluno na condição de sujeito desejante. (ALMEIDA, 2001, s.p.).

Ora, os discursos que circulam em nossa sociedade pós-moderna, como vimos em vários momentos do texto, apontam para a educação/ensino enquanto veículo da promessa de um Bem-estar supremo, que esgotará todas as angústias, reforçam a repressão da castração como via única de sobrevivência; a qual indica a morte do desejo.

Diz Millot (1987, p. 124), de maneira taxativa: *"que não haja Bem supremo para o ser falante, que nenhum progresso possa ser esperado por essa via, que todo ser falante tenha, pelo contrário, a tarefa de afrontar essa ausência radical não é, certamente, consolador"*. Há que se dar conta deste mal-estar que nos habita (todos nós), inclusive os educadores. Mas, como diz a autora, saber disso e lidar com isso não é consolador, pode ser fonte de desespero e obstáculo ao processo de viver e educar.

Podemos deduzir, deste desconsolo (que se transforma em desespero e obstáculo), a urgência Pós-Moderna pelo fugaz, fragmentário e momentâneo. Perdendo a história, perde-se a dimensão das perdas – e das elaborações – inevitáveis ao longo da vida, em direção à perda maior: a morte. Como quarto elemento do jogo neurótico (LACAN, 1999), a morte é o incômodo apesar do qual vivemos, mas também em função dela, por ser inevitavelmente nossa única certeza.

Assim, com muitas semelhanças ao processo analítico, vemos que o educador deve estar ancorado em suas próprias soluções para este desalento/desconsolo, para anunciar o mesmo alívio ou tolerância a seus alunos, e o ato de educar se transforma em "como se faz" para suportar a inevitabilidade do próprio fim, e, apesar disso, continuar vivendo, criando, etc.

O alívio ao desalento não dá conta de uma parte não educável: o inconsciente. Não há educação que abarque as tramas inconscientes e é esse escape que diz do desejo, pois move o sujeito para buscar algo que satisfaça como da primeira (mítica) vez.

Por crer que a primeira satisfação verdadeiramente ocorreu, o ser humano parte em sua direção na forma de objetos que justifiquem a escolha, de acordo com sua força de amarração aos conteúdos inconscientes. O carro que tanto se quer é um símbolo de representações inconscientes, ainda que uma possibilidade de status; ser reconhecido é um anseio inconsciente.

A lógica "ensinativa", com seus métodos e franquias, age no sentido repressivo e deixa os sujeitos alienados quanto aos processos inconscientes que regem suas atitudes. A alienação se dá, inclusive, quanto à dimensão temporal. Tudo se passa de maneira tão urgente, que ficamos sem tempo. Não há tempo que baste para informar os alunos acerca de todas as informações possíveis. Nem tempo para que o educador se habilite a elas. Assim, reclama-se: "não tenho tempo!".

O tempo de aprender é aquele de permitir a tessitura narrativa, e está só pode ocorrer em respeito aos limites (à castração). Na Pós-Modernidade, as leis cotidianas (regras e leis jurídicas) falham e favorecem o gozo, para que perdure o esquecimento do fio do tempo que nos conduz à morte. Paradoxalmente, o gozo também atualiza a castração, na ausência de desejo. Se o desejo nos conduz à morte, algum dia, o gozo traz a morte por antecipação em sua pior forma – morte em vida.

A Lei, inevitabilidade da castração pelo limite da proibição do incesto, também é veiculada pelo educador, agente de civilização que é uma figura de identificação para seus alunos; algo que está além dos conteúdos transmitidos e pode ser a condição da aquisição de tais conteúdos. A Lei *"proíbe e abre um leque de possíveis outros"* (LAJONQUIÈRE, 1999, p. 76), dando à criança acesso ao desejo do educador, e de toda a comunidade que ele representa, ao ser mais um portador da Lei – que, no fim das contas, é a Lei do incesto, à qual o educador também está submetido.

Quando um educador aposta na "criação" de um aluno – futuro executivo, médico, campeão etc. – faz do futuro o presente e do presente um momento vazio. As discussões apresentadas, sobre a importância de considerarmos a criança como um ser histórico, implicam em reconhecermos seu passado como constituinte, mas que o presente seja contextualizado e fruído. Trabalhando em prol do futuro, o educador também se desconsidera enquanto um agente da atualidade. Como diz Assis (2003), o importante não é o "vir a ser", mas o "sendo".

Além da questão do tempo, o educador é "atacado" pela urgência das imagens, que são consoantes com um mundo globalizado, obrigando o profissional de educação a se atualizar à maneira imagética, sem mediação; só com as imagens mantemos este tipo de relação, em que nada está entre os órgãos dos sentidos e os estímulos. Anteriormente, falamos das não-informações, que bombardeiam as capacitações de educadores sem que estes consigam refletir sobre elas.

A tentativa de aquisição imediata do conhecimento, sem trabalho ou esforço, é bastante frequente na mídia atual – desde aparelhos de ginástica sem suor até filmes em que os personagens aprendem artes marciais à custa de um chip de computador (Matrix, p. ex., de WACHOWSKI e WACHOWSKI, 1999).

Como a Psicanálise pode contribuir para que educadores e escolas possam chegar a uma saída menos destrutiva? A resposta poderia se inspirar nas colocações de Lajonquière (2005, s.p.): *"tentar uma educação para a realidade impossível do desejo, ou seja, de buscar inocular nas crianças o germe do movimento visando tentar o impossível".*

Tentar o impossível como parte do ideal da educação parece ser a saída no caso da escola e mesmo dos educadores. Porém, consideramos que a única possibilidade da educação está em sua impossibilidade, a ser pensada como encadeamento significante (LAJONQUIÈRE, 2006).

O (im)possível da educação deve ser considerado e buscado primeiro pelo educador, na tolerância ao "impossível conhecer tudo" ou do saber (todo) impossível. E tolerar a angústia deste limite, que custa ao psiquismo, mas ancorar-se no gozo, se por um lado não angustia, nada deixa restar...

3. Psicanálise e Educação Infantil

Neste momento, faremos algumas articulações entre os aspectos abordados anteriormente – **papel da educação das crianças pequenas, cuidar x educar, formação do educador infantil e desejo de ensinar/ educar por parte do educador infantil** – e a Psicanálise.

A Educação Infantil é uma exigência dos órgãos financiadores, mas também uma premência cotidiana. Os pais costumam trabalhar muitas horas por dia, poucas vezes há familiares disponíveis para cuidar das crianças menores (na figura de avós ou tios, p. ex.) e muitas vezes há poucas crianças em torno das famílias. Por causa disso, as instituições de Educação Infantil têm-se tornado o espaço exclusivo para muitas crianças de cuidado e de socialização; pode-se dizer que são, por vezes, o único contraponto para outras formas de cuidado de uma criança.

Por ser necessária, a Educação infantil não exclui questionamentos que podem fazer deste espaço um lugar da *busca pelo (im)possível*, um lugar de reconhecimento do desejo. E isto só pode ser feito de acordo com o posicionamento desejante do educador infantil nas suas atividades de cuidado.

As crianças pequenas, de 0 a 5 anos, precisam antes de tudo de referências que lhes deem a possibilidade de ser, já que *"educar é inscrever marcas do desejo no corpo do pequeno sujeito"* (KAMERS, 2005, p. 71). O conhecimento não é o mais importante, mas através de quem se chega até ele – no lugar do Outro. As crianças pequenas precisam de alguém que esteja, de início, colocado como Outro, seguindo as prerrogativas de seu desejo:

> Assim, faz-se necessário na educação de uma criança que um adulto sustente um ato em nome próprio, ou seja, onde seu próprio desejo esteja implicado. Não se deve pretender nem a suposta pureza dos atos sustentados em nome da técnica, seja ela qual for, nem a crença de que a criança caminha por si mesma, aprende por si mesma; pois em ambos os casos o que ocorre é a própria demissão do educador de sua tarefa educativa. (LIMA, 2001, s.p.).

Esta é a condição de existência da Educação Infantil, já que a criança destes momentos iniciais só pode se pautar no adulto para existir, desde cuidados necessários à sua sobrevivência, até a socialização e mesmo a convivência com outros humanos. Assim, quando as instituições de Educação Infantil oferecem programas de desenvolvimento, de capacitação, de estímulos cognitivos, estão na contramão do que a criança pequena precisa. Um bebê

> [...] *precisa de uma pessoa capaz de dar sentido a emoções primitivas, na apreensão sensorial. Ela [a criança] precisa se encontrar refletida num espelho vivo que possa dar um ritmo de segurança. Precisa ter a experiência da continuidade da existência para poder dar significado às experiências e chegar a configurar o sentido de si mesma* (LISONDO, 2003, p. 25).

O educador infantil, ao cuidar, coloca-se em jogo com a própria subjetividade, sem que o conhecimento já opere como possibilidade de mediador desta relação. Com crianças pequenas, o educador entra como elemento importante da relação, mais do que o educador das crianças maiores, que, eventualmente, pode se ancorar nos conteúdos, na avaliação formal dos alunos. Todavia, da parte do educador infantil, este apoio, em si mesmo, pode provocar angústia, por vezes intolerável, remetendo o educador aos recursos teóricos psicologizantes e desenvolvimentistas; e à formação continuada.

Nas pré-escolas, ou também chamadas "escolinhas", a situação não é diferente. Nestes lugares, os pais chegam mais com a demanda que o filho seja ensinado, que seja habilitado em nome de um futuro sucesso profissional; versão outra de um bem-estar absoluto a ser aprendido na escola. Além das questões narcísicas (dos pais em relação a seus filhos), o mercado e a sociedade pressionam os adultos a esperarem de seus filhos tudo o que sonharam para eles mesmos – tal como discorremos antes. No educador, esta pressão se revela o obstáculo à crítica de sua prática, de seu envolvimento com o desejo de educar.

O educador infantil também tem que se ver às voltas com suas representações do cuidado, e da condição de se colocar como Outro. A relação com a criança pequena pode cativar o educador infantil pela própria necessidade de ser ele cuidado, pode incrementar sentimentos de amor/ódio, através da falta de mediadores, como a linguagem, da parte dos bebês, p. ex.; o que nos remete à reflexão em cada educador acerca do próprio desejo de educar crianças pequenas.

Lisondo (2003) indica que é importante considerar que a escolha da profissão de educador por mulheres pode estar relacionada a uma sublimação da maternidade. No caso da Educação Infantil (e mesmo do Ensino Fundamental), em que as mulheres são a maioria absoluta, escutam-se falas de gostar de crianças, de ser algo inato, "instintivo e natural para as mulheres".

Esta crença imaginária, acerca da mulher e seu papel na sociedade (também pelas próprias mulheres), faz parte da subjetividade dos educadores infantis e parece reafirmar (circularmente) as formas de cuidado às crianças pequenas, como algo da ordem do feminino e da maternagem – somente – confundindo-se com o papel social da mulher.

A partir das reflexões de Kamers (2005) sobre maternidade, maternagem e função materna, podemos pensar que a educadora infantil e a educadora-auxiliar podem ser consideradas como preenchendo o papel do Outro, na ausência da mãe; principalmente no caso dos bebês. A Educação Infantil cumpre o papel de maternagem, mas não de maternidade, pois este é o lugar da mãe. E a função materna? A Educação Infantil seria seu lugar também?

Pelas colocações de Baptista (2003, s.p.), a resposta é não:

> A maternagem feita por educadoras na creche tem grande importância na marcação do mapa de todo ser imerso na linguagem, mas ela não é sinônimo de Função Materna. Para sê-lo, o bebê teria que ser capturado no fantasma da educadora, seu desejo não poderia ser anônimo e, embora possível, configura-se como exceção. Assim, a maternagem

> deveria sair do 'quartinho dos fundos' como atividade de pouca importância e ganhar, no discurso sobre a creche, o peso de sua importância (BAPTISTA, 2003, s.d.).

A função materna recobre a maternagem, todavia, exige que aconteça uma nomeação, que dará o reconhecimento ao filho (em seu lugar de filho e filiação), configurando a maternidade. A partir de Kamers (2005), podemos pensar que a filiação – que localiza mãe e filho – se dá pelo manejo do filho dentro do fantasma da mãe, operando seu desejo em relação ao filho.

O pertencimento, ao qual nos referimos incialmente quanto aos educadores infantis, não pode passar pela captura da criança no fantasma do educador, mas sim através do reconhecimento do desejo de educar crianças pequenas, remetido ao saber e ao conhecimento. Dessa forma, a relação se triangula e faz função simbólica: criança, educador infantil e saber/conhecimento.

Ainda que não seja espaço para a função materna, nem por isso a instituição de Educação Infantil deixa de funcionar como campo do Outro para a criança, aponta Carvalho (2001), e deve ser compreendida como um espaço do qual a criança faz uso para saber como se conduzir nos dissabores da existência. Como diz Lajonquière (2006), a Educação Infantil permite outras formas de pertencimento, diferentes daquelas feitas pela família, mas com um papel importante por instaurar a dialética entre o familiar/narcísico e o social/não familiar, dando novos encaminhamentos ao desejo.

Duas posições, de Mariotto (2009) e de Crespin (2016) trazem reflexões interessantes sobre este *múltiplo lugar de educador*, que é o do educador infantil. Em cada autora, um posicionamento que, sim, permite que estas várias faces se coloquem em desafio para que a educação se viabilize em sua (im)possibilidade.

Mariotto (2009) coloca cuidar e educar ao lado de prevenir, esquivando-se do lugar "materno", que registra o lugar da escola dos pequenos – maternal – para configurá-lo através de outro nome: paternagem. Nesta outra nomeação, a autora reflete sobre os problemas (bem atuais e observáveis) de uma curva no sentido do feminino, para um matriarcado absoluto,

TEMPO E PRESENÇA NA EDUCAÇÃO: ENSAIOS E REFLEXÕES

com suas marcas específicas[36]. A autora se refere à lógica da sexuação, de onde podemos deduzir as formas como o laço social se organiza, permitindo que cada um esteja diante do outro, identitariamente.

Partindo de Lebrun (2004) e Roudinesco (2003), Mariotto (2009) demarca que, desde o matriarcado (ou melhor dizendo, desde uma curva para a lógica da sexuação no sentido do feminino), encontra-se a desmontagem de um parâmetro masculino, norteado pelo falo, por determinados indicativos de existência e asseguramento: renúncia do gozo em relação à ética do trabalho, fixando-se as identidades e a possibilidade de se dizer do gozo de alguma forma. Desta forma, para outra, do parâmetro feminino, não-todo referido ao falo, em que estar com outro não se orienta da mesma maneira que o parâmetro masculino: as exceções, o singular e a resistência às inscrições são os indicativos de existir diante do outro.

Já identificamos isso, anteriormente neste texto, através das estratégias que a Pós-Modernidade coloca como condição de ligação entre as pessoas: instabilidade, excesso de referências, fluidez, não asseguramento e ênfase nas individualidades. Diante disso, Lacan (2005) traz que, se o Nome-do-Pai não é mais significante de ponto de amarração, há que se repensar outras amarrações possíveis que sustentem o furo no Real de forma singular e sustentar questionamentos acerca das formas de reconhecimento do Outro.

Mariotto (2009, p. 124) parte exatamente daí e arrisca: referir as crianças na educação infantil como um pai sem a mãe: *"há condições de que uma realidade psíquica organize o corpo num sistema linguajeiro, em que o agente dessa operação permita uma outra intervenção no lugar onde a mãe consente em ser faltante"*. Para isso, o educador infantil está no lugar do Mestre, a ser cuidadosamente construído a serviço da educação e não de uma tecnocracia (que empurraria o educador infantil para o discurso da Ciência, sobre o qual já falamos).

Dessa forma,

> [...] *propor que a creche seja um lugar de cuidados instrumentais e que se reconheça nela o dispositivo de transmissão de saberes, afirmando sua vocação educativa – mais que pedagógica –, é*

---

[36] As colocações a seguir se referem à temática da lógica da sexuação, proposta por Lacan em 1969/1970, em que se pensam lugares discursivos parametrizados pelo Nome-do-Pai e não se referem a homens ou mulheres, nem a orientações sexuais.

> *localizar também sua responsabilidade no trabalho de prevenção* (MARIOTTO, 2009, p. 125).

A prática do educador infantil deve estar no lugar de cuidar/educar e, ao mesmo tempo, interrogar-se permanentemente sobre a criança como sujeito em constituição, remanejando ações, ousando intervenções e se reinventando.

Assemelhando-se a esta leitura da educação infantil e do educador infantil, aquele que também opera preventivamente, Crespin (2016) entende que a creche é um espaço de prevenção precoce, é lugar de se trabalhar na prevenção do sintoma e, talvez, alterar o destino de algumas crianças. A autora faz uma leitura das várias perspectivas teóricas que se debruçaram sobre o tema da pequena infância e chega ao espaço escolar como fazendo parte do campo do Outro.

O cuidador da creche, na forma de educador ou de auxiliar, é aquele que faz coisas com as crianças, mas com sentido e que, com isso, legitima o fazer como suporte do ser. Os cuidadores *fazem parte desse campo do Outro para a criança, particularmente na medida em que eles cuidam das crianças diariamente e de modo durável* (CRESPIN, 2016, p. 33).

Crespin (2016) chama o educador infantil, independentemente de seu cargo, de profissional de referência para uma criança em devir e esta posição, do educador, deve ser *"trabalhada e permanentemente questionada para não afundar em alguma garantia suficiente e que dispense pensar no modo de cuidar de uma criança"* (CRESPIN, 2016, p. 38).

Ser profissional de referência é um trabalho de alguém que cumpre uma função investida para além da criança. Os métodos e teorias que o embasam devem sustentar a abertura do pensamento para a reflexão constante.

Para isso, o dinamismo da escola de educação infantil contempla reuniões clínicas (pensando-se a clínica como lugar de observação, dedução e proposta de intervenção), reuniões temáticas e transmissões: aos pais, pela equipe – passar aos pais aquilo que colabora para uma elaboração desde a sensibilidade e posição subjetiva dos pais em relação ao filho – e entre as pessoas da equipe, para pensar o ato educativo como transmissão e entender que a falhas deste ato não podem ser atribuídas a qualquer déficit da criança.

Neste sentido, o lugar do educador infantil é, como a Psicanálise anuncia, um lugar ético. É da ética que norteia as práticas da educação que o educador infantil se situa e se questiona e se reinventa continuamente para que a criança se oriente diante da Lei. Portanto, o educador infantil não pode sucumbir ao encantamento diante da criança e ver, em suas proezas, um espelho narcísico de seus próprios anseios.

Um educador infantil é alguém que educa a partir do desejo de educar crianças, e não de uma relação direta com a criança. A mediação por este verbo – educar – é o que faz com que ele faça tudo o que faz. Ou seja, o educador infantil também está submetido à Lei e, em seu fazer educativo cotidiano, cumpre a função desta transmissão.

Abrir espaço para a reflexão do cotidiano dos educadores infantis é essencial neste estudo, para que não se desconsidere o lugar do desejo, e do sujeito, na escola. E é com estas reflexões que passaremos ao discurso e prática dos educadores infantis.

III – EDUCADORES INFANTIS: DISCURSO E PRÁTICA

Este estudo propunha, no projeto inicial, uma parte teórica, na qual buscávamos subsídios a uma discussão mais ampla da Educação Infantil, mas também uma parte prática, na forma de entrevistas com educadoras infantis. Propunha-se, assim, que as educadoras pudessem ser encontradas em formas diferentes de escolarização precoce – rede pública e particular.

Para as entrevistas, utilizamos as referências da História Oral (MEIHY, 2000), metodologia afinizada aos conceitos psicanalíticos. Um documento oral é aquele que registra (gravado e preservado) os relatos de alguém acerca de si ou de uma situação.

> História Oral é um recurso moderno usado para a elaboração de documentos, arquivamento e estudos referentes à experiência social de pessoas e de grupos. Ela é sempre uma história do tempo presente e também reconhecida como história viva (MEIHY, 2000, p. 25).

A metodologia da História Oral implica em três elementos: entrevistador, entrevistado e gravação. No caso deste estudo, foi uma História Oral pura, pois somente o relato foi usado, sem o recurso de outras fontes, compondo História Oral híbrida. Em qualquer dos modelos, puro ou híbrido, faz-se um caderno de campo, com as impressões do entrevistador.

Além disso, podemos precisar a abordagem nas entrevistas como História Oral de Vida, baseando-se na experiência de vida do entrevistado, sem a preocupação em estabelecer uma verdade, mas a versão existencial acerca disso. Exploram-se aspectos da intimidade individual, com pouca participação do entrevistador, perguntas amplas, em grandes blocos para circunscrever os acontecimentos (MEIHY, 2000).

No momento de entrar em contato com as escolas, encontramos dificuldades na rede pública, em função de entraves políticos. Os responsáveis pelas escolas eram de partido diferente daqueles responsáveis pela Secretaria de Educação do município e se recusaram a participar[37].

Foram entrevistadas, então, para análise do discursos e prática, oito professoras da rede particular, escolhendo-se uma das entrevistas para este relatório, por ser a que mais se prestava à análise do material, da maneira que necessitávamos (grupo II). Além destas entrevistas, apresentamos um material diferente, oriundo de entrevistas de seleção de professores de educação infantil em escolas particulares; neste caso, encontraram-se educadores de vários níveis de escolarização e da escola pública e privada (53 entrevistas, grupo I). Para todos, perguntamos "o que é criança" e suas respostas aparecem ao lado de algumas de suas características (formação e atuação profissionais).

Antes da apresentação deste material, uma breve exposição sobre a metodologia de análise deste material e as formas de tratamento do discurso dos educadores.

1. Discurso e Linguagem:

Entrevistar pressupõe estar mediado pelo discurso, pela linguagem. O discurso é uma ação – do dizer – mas que informa e transforma o que se relata, costurando e recosturando a tessitura da história do sujeito no presente, a partir do passado e de pensamentos e sentimentos que, ditos, agem sobre o próprio discurso, circularmente.

Para a Psicanálise, de acordo com Chemama (1995, s.p.), o discurso é

> uma forma de estruturação da linguagem que organiza a comunicação (todo discurso dirige-se a um outro), especificando as relações do sujeito com os significantes, com seu desejar, com seu fantasma e com o objeto causa de desejo, determinando o sujeito e as suas formas de gozo, ao mesmo tempo que regula as formas do vínculo social. As estruturas discursivas determinam, portanto, as formas de funcionamento tanto do laço social e do curso da história, quanto os funcionamentos linguageiros aos quais o sujeito se encontra assujeitado.

---

[37] Isto seria indício das falhas éticas desde os dirigentes; mais posicionados narcisicamente que em prol da função que ocupam, colocando os dirigidos no lugar (também narcísico e defensivo) do medo.

Nem entrevistador nem entrevistado estão imunes a esta tessitura circular da linguagem, de tal forma que a análise de uma entrevista implica os dois lados da entrevista e em considerar o contexto no qual este discurso se faz, através do laço social. No laço social, há pontos visíveis e invisíveis. Os visíveis dizem respeito ao que está sendo dito, manifesto e que pode ser compreendido de acordo com a lógica racional e com as regras sociais mais claras. Os invisíveis, por outro lado, estão referidos às regras implícitas, à ideologia, às coisas que parecem absurdas, mas que nem por isso deixam de fazer efeito, influenciar as relações e as atitudes.

A partir das colocações deste estudo, sobre o sujeito, referenciamo-nos nas colocações de Pêcheux (1990), em que um sujeito se constitui a partir do sentido, o qual advém da linguagem e do discurso. O discurso, para este autor, não faz sentido apenas pelo dizer, mas pelo acontecimento entre os interlocutores. Portanto, o discurso pode ser compreendido como um conjunto textual, a ser lido e dissecado em seus pontos de visibilidade e invisibilidade.

A Análise de Conteúdo, de linha francesa, *"procura extrair sentidos dos textos, respondendo à questão: o que este texto quer dizer? [...] considera que a linguagem não é transparente"* (ORLANDI, 1999, p. 17), buscando saber como o texto significa (causa signos), trazendo efeitos de sentido.

A significação de um texto/discurso implica a tomada da linguagem como espaço de mediação, que torna possíveis sua manutenção e transformação, que entrelaça o sujeito que enuncia o discurso e o que é dito no discurso de forma indissociável. Assim, as falas dos entrevistados, transcritas, transformam-se em textos, lidos com a intenção de criar novos sentidos e inferir as possibilidades inconscientes e ideológicas em alguns excertos destas falas.

Esta significação, no entanto, não esgota as possibilidades discursivas e não leva em conta a construção (de sentidos) do próprio sujeito acerca do que produziu discursivamente. Portanto, esta é uma proposta de análise que se foca no assunto deste estudo, e, a partir dele, pensa o discurso.

Em suma, esta é uma busca de extração de sentidos, através do recorte daquilo que, nas entrevistas, contempla os aspectos referentes a este estudo.

2. O que dizem as educadoras infantis?

O discurso das educadoras infantis foi (recolhido) em dois momentos: situação de entrevista de seleção de educadoras em duas escolas particulares e através de entrevistas semi-dirigidas com quatro educadoras de uma escola particular. Os dois momentos de discurso, aqui designados grupo I e grupo II, explicitam as relações entre teoria e prática de maneiras diferentes.

No grupo I, estão 53 entrevistadas, candidatas a vagas de educadores infantis e de educadores-auxiliares, mas a formação das candidatas variava desde a Pedagogia, Letras ou Educação Artística e sua atuação ia da Educação Infantil ao Ensino Médio ou mesmo cursinhos e Telecurso.

No grupo II, selecionou-se uma educadora de escola particular. É uma escola que contempla os três níveis de ensino (infantil, fundamental e médio), com sistema apostilado de ensino desde a Educação Infantil (após quatro anos); o qual se pauta pela preparação de alunos capazes de ingressarem no curso superior à primeira tentativa. Todas as educadoras foram informadas deste estudo, autorizadas pela instituição e entrevistadas de acordo com sua vontade.

A partir destes dois grupos, foram pensadas categorias que nos permitiram analisar e configurar a prática através de uma produção discursiva – que é o cerne de nosso estudo – interligando a discussão teórica já apresentada e a produção discursiva:

- Criança: inocência, pureza, descoberta!

- Criança: a prática

- Criança: pequeno infante escolar: rumo às descobertas

3. Pensando o discurso das educadoras infantis

- Criança: inocência, pureza, descoberta!

A criança foi designada pelos seguintes aspectos: diversão, pureza, potencial, abertura, encanto, aprendizagem, descoberta, sinceridade, surpresa, prazer, alegria felicidade, transformação, vivacidade, possibilidades a serem desenvolvidas, futuro, paixão, inesperado, ser especial, inocência, luz e esperança, um serzinho. Nos dois grupos, estes aspectos foram entendidos pelas entrevistadas como positivos e algo a ser conservado.

As expressões indicadas pelas entrevistadas denotam bem-estar e sentimentos articulados a ação e movimento. Criança, pois, é algo que se refere a um dinamismo que não pode ser contido, mas que deve ser orientado, admirado e exaltado; reforçando, pois, o lugar da criança ideal.

A criança se revela como signo da pureza e da inocência perdida no adulto, marcando um espaço de nostalgia e de cultivo, a ser preservado e mesmo descoberto a cada momento, como surpresa. As falas das educadoras não se distanciam daquelas que se fizeram iniciais ao surgimento deste tipo específico de sentimento de infância, que chega com a Modernidade e é reforçado na Pós-Modernidade.

Inocente, pura e surpreendente, a criança é o *"bom perdido"*, anunciado muitas vezes com um sorriso em todas as falas. No entanto, quando se pensa na formação profissional e mesmo na atuação, a partir das colocações de educadoras infantis e educadoras-auxiliares de sala, veem-se acréscimos de descoberta do potencial e da necessidade de estar junto.

No material do grupo II, a educadora infantil, com graduação em Pedagogia concluída, as colocações se afastaram do ideal de pureza e inocência, mas mantiveram a perspectiva prospectiva (do desenvolvimento) e do potencial, do futuro e do aprendizado. Ou seja, a criança continua a ser idealizada e a se esperar dela que seja melhor que o adulto, estando o educador comprometido com o estímulo a este desenvolvimento e aprimoramento.

Como vimos na primeira parte deste relatório, moralização e paparicação andam juntos no cuidado à criança pequena, desmerecendo o momento de estar com a criança como algo importante. Ao moralizar, o educador infantil "promete" o que nem sabe que pode ter. O adulto, educador ou não, *"promete o devir"*, consolidando o discurso social de que amanhã será melhor – o próprio adulto virá a ser melhor a partir da criança/ele mesmo que (sonha) cuidar.

Neste sentido, também já referido, a (psico)pedagogização da educação e a transformação do ato educativo em uma normatização que conduz, gradativamente, ao estabelecimento de (psico)patologias da criança diante da educação ideal. Quanto mais a ciência psicológica invade o saber pedagógico e, por outro lado, a ciência pedagógica toma conta do cotidiano, mais isto conduz a uma ideia de normalização da vida e, por consequência, de patologização das alterações (mesmo as mais discretas).

Destacou-se, no entanto, do grupo I, uma única entrevistada, sem formação em nível superior, educadora infantil de crianças de 03 e 04 anos, que cursou Magistério (nível médio) e buscava conhecimento de maneira independente. Suas respostas enfatizaram a importância de estar com a criança no momento (o *"sendo"*): *"a criança é um ser social e a cada época do mundo, a gente tem uma criança diferente"*. Pode ser que isto seja resultado de uma capacitação através do *"aprender fazendo"*, através de cursos e seminários que a entrevistada frequentou por conta própria, de acordo com sua vontade e necessidade. E foi em tom de lamento e desculpas que mencionou não ter tido condições de cursar o terceiro grau – nem sabendo que, talvez, de fora das universidades, seu saber apresentou outra consistência.

Distante das colegas na graduação, paradoxalmente, foi esta educadora sem nível superior que conseguiu fazer uma formulação menos contaminada pelo ideal infantil, ainda que se perceba *"de fora"* de um grupo supostamente mais capaz e informado. Por outro lado, a escolha pela profissão se fez pela necessidade de se sentir completa e é isto que encontra com as crianças, reforçando a ideia de *"bom perdido"* das outras entrevistadas. É somente esta entrevistada que se implica na escolha pela profissão de educador infantil, sem cair nas armadilhas de uma proposta de auxílio à criança, de cuidado que isenta o cuidador do próprio querer naquilo que faz.

Dos educadores com experiência em níveis diferentes de escolarização, aparece a criança *"serzinho"*: prejudicado em sua minoridade, a ser *"elevado"* a partir do ensino e da ação do adulto. Diferenciando-se da criança, o adulto cria um espaço de projeção de suas angústias e mesmo de sua forma de negá-la, pois ainda haveria tempo de transformar a criança – tanto a que ensina como a que ele mesmo foi, pois estamos falando de uma ação pautada na projeção do (narcisismo do) adulto.

- Criança: a prática!

Aqui, encontramos a análise das falas de uma das entrevistadas, do grupo I, nomeada Heloísa, para que possamos refletir um pouco sobre o que se diz (discurso) e o que se faz (prática) no cotidiano da Educação Infantil.

Para Heloísa, educadora de crianças de dois anos, *"é preciso deixar as crianças livres, para que façam o que quiserem"*. Então, o educador é alguém que dá parâmetros à criança nesta livre descoberta do mundo, para que a criança encontre o que verdadeiramente é. Sua definição de criança, indicada com alguma relutância, aponta para *"alguém que descobre, que é curioso e quer saber das coisas"* e é a partir disto que tenta proporcionar o máximo de situações em que estas descobertas se transformem em construção do conhecimento.

Ser educadora é uma opção *"por herança"*. Das três filhas, Heloísa foi a única que seguiu a carreira da mãe, a qual não queria que nenhuma delas fizesse isto. A trajetória estudantil de Heloísa parece marcada pela necessidade de segurança, por isso fez um curso técnico, para permanecer no colégio em que já estava, com as pessoas que já conhecia.

No final do terceiro ano do curso técnico, prestou vestibular para Psicologia, com o intuito de, nesse curso, vir a *"se entender"*. Queria encontrar uma disciplina que a ajudasse a ser *menos complicada*, mas a dificuldade financeira não lhe permitiu ir adiante. A definição de "complicada" não é clara, confunde-se com receio de ser avaliada, com a necessidade de estar sempre acertando, com o fato de não se achar uma pessoa normal.

Mesmo levando-se em conta a questão financeira, parece ser a fala da mãe – que (não) queria que ela fosse professora – que impulsiona Heloísa de volta à educação, pela valorização de estar em sala de aula. Parece pesar o fato da mãe ter sido a sua primeira professora e a forma como as alianças foram estabelecidas dentro da família. Heloísa se vê mais próxima da mãe e vê a irmã mais velha mais próxima do pai (o qual queria que ela se graduasse em Engenharia, e foi o que ela fez). Uma das irmãs cursou Administração, parecendo estar de fora destas alianças familiares; como alguém diferente, que estabeleceu a própria jornada, à distância.

Ficou, nas entrelinhas de seu discurso, que a mãe seria a pessoa com quem se podia contar, inclusive financeiramente. A perda do pai, falecido já há alguns anos, revela-se como algo doloroso, embora tenha sido suportado pela presença da mãe.

Do curso técnico e da tentativa frustrada do vestibular, Heloísa foi cursar Magistério (novamente em nível técnico) e, a partir daí, começou na instituição em que hoje trabalha (e que foi a mesma em que estudou), como educadora-auxiliar. Para Heloísa, os anos de Magistério e mesmo os da Pedagogia, cursada pelo incentivo materno, não foram suficientes para ser um bom educador (*"o que importa é a prática"*).

Esta prática, para o educador infantil formatado por Heloísa, implicaria em conseguir viver o mundo da criança, em ser ele mesmo uma criança e permitir as descobertas. Embora ache que as regras não devam estar presentes neste momento, em função da cobrança dos pais e da instituição, Heloísa acaba por se comportar de maneira rígida e regrada.

Pode ser que isto seja a sua versão *"complicada"* como educadora infantil, no anseio/aflição em ser avaliada e de se mostrar capacitada para esta avaliação. Assim, a prática do educador infantil não aparece como um momento de estar junto com a criança, ou mesmo de construir junto com ela, mas de, essencialmente, dispor a situação de maneira mais livre.

A necessidade de cumprir ou de estabelecer regras para ser bem avaliada, ou pela possibilidade de sê-lo, por outro lado, faz com que Heloísa se sinta *"confortável"* com o sistema apostilado adotado pela escola. Mesmo fazendo críticas a respeito da restrição que o método apostilado lhe impõe, no sentido do tempo para desenvolver cada tema, Heloísa *"não precisa pensar no que desenvolver, pois vem tudo pronto; pode acrescentar, mas só se quiser"*, nem mesmo isso lhe parece necessário. E, portanto, não há cobrança nem dos pais nem da escola, pois ela está fazendo o que pode.

Em função desta preocupação com a cobrança e com a avaliação alheias (na situação, também a minha como entrevistadora), Heloísa não assume uma definição de criança nem delimita o perfil de um educador infantil, bem como não explicita o que faz com as crianças, qual a sua prática, qual

TEMPO E PRESENÇA NA EDUCAÇÃO: ENSAIOS E REFLEXÕES

a sua linha de ação; ficando escondida atrás do relato das atividades da apostila e do controle das crianças x liberdade das crianças.

A definição de criança – *"alguém que está aberto às descobertas"* – não se confirma com aquilo que Heloísa propõe em sua prática. Parece que Heloísa diz o que a criança deveria ser e isto depende da permissão do adulto. Ao hesitar se posicionar, Heloísa "escapa" para a justificativa da complexidade dos temas (criança, cuidar, educar) e crê que se tivesse se preparado teoricamente para a entrevista, teria sido mais fácil.

Heloísa falou do educador infantil como *"alguém que ensina"* e destacou a diferença disto em relação aos cuidados; os quais aparecem para ela como algo diferente do ensino. Cuidar foi identificado com *"não deixar fazer aquilo que não pode"* – bater ou apanhar, p. ex. – e que, na escola, seria compreendido diferenciadamente caso fosse visto pela mãe ou pela professora. Provavelmente identificando o lugar de professora como aquele crivado pela habilitação e pela capacitação teórica (tal como orientam os documentos oficiais); portanto, isento das questões próprias à maternagem (ou paternagem, como indica MARIOTTO, 2009).

- Criança: *pequeno infante escolar*[38] rumo às descobertas

Nas duas formas de apresentação do discurso das entrevistadas, viram-se as colocações de uma criança pronta para descobrir, aberta ao mundo enquanto espaço de surpresa e novidades. A repetição destas colocações nos levaram a compreendê-las como indicativas do surgimento de uma nova visão da infância, específica para a criança pequena, como outro sentimento de infância, afinizada a uma subjetividade Pós-Moderna – científica e tecnológica.

O pequeno infante parece se firmar enquanto alguém a ser estimulado em casa, pelos pais e outros adultos de seu convívio (babás e avós, p. ex.), intentando-se um ser humano mais preparado. Para quê? Para o mercado de trabalho, talvez, na perspectiva de uma sociedade neoliberal de seres capacitados e altamente competitivos. Entretanto, sob esta ideia, que consideramos pertinentes em função da discussão já exposta acerca da

---

[38] Termo criado a partir das considerações de Plaisance (2004).

Pós-Modernidade, esconde-se a tentativa do adulto de apagar na criança a existência do sofrimento e da dor – a repressão da castração.

Também na escola, o pequeno infante aparece, com o acréscimo da identificação ao escolar: o *pequeno infante escolar*. Na instituição de Educação Infantil, o pequeno infante escolar seria alguém estimulado a descobrir, na voracidade das não-informações de nossos dias, mas de acordo com as necessidades de mercado, que exigem um sujeito consumidor e desconhecido das razões de seu consumo.

A ênfase na descoberta, na novidade e na surpresa não parece vir acompanhada de uma construção, de uma produção de conhecimento que leve em conta tanto as informações constituídas e construídas pela humanidade ao longo de sua história, assim como de cada "aprendente".

O pequeno infante escolar, fabricação de escolas e pais, cada vez mais, configura-se como uma subdivisão da infância, a "especificidade" no sentimento de infância moderno. O momento, pós-moderno, cria situações de prevenção e promoção de saúde, mental e física, nas crianças bem pequenas, com vistas ao adulto perfeito, o qual tem a expectativa de vida aumentada e busca a fruição total da tecnologia e de todos os seus dias; sem falhas, sem dores, sem angústia.

Para esta nova infância, novos agenciadores para servi-la. Podemos pensar que, além dos técnicos (psicólogos, fonoaudiólogos, fisioterapeutas etc.), os educadores infantis, premidos pela urgência da capacitação, bem como pela "crença", interna, da existência de alguma teoria ou prática inovadora que poderá impedir as dificuldades ou percalços, no engano de que é o ensino que comanda o ato educativo.

Estas mudanças, que podem ser interpretadas como algo novo, parecem-se mais com uma especificidade do individualismo crescente, que chegou, enfim, àqueles que ainda não se colocam, não consomem (diretamente) e parecem não se posicionar. Este aparente não posicionamento se efetiva na ansiedade dos pais de sanarem a culpa (de não estarem em casa, de trabalharem demais) e a nostalgia daquilo que (não) foram e jamais serão. Assim, os adultos colocam as crianças no lugar de mestres.

No discurso das educadoras infantis, observamos os traços de uma prática que se afirma, conduz-se e retroage sobre o discurso em torno da repressão da castração e da busca de alívio para a angústia da castração. Pela via da (psico)pedagogização, a alienação em torno das questões humanas fundamentais – as que tocam a castração, a morte, a sexualidade e a agressividade – torna-se uma estratégia que incrementa a angústia, criando situações de gozo.

Por outro lado, pela via da subjetividade do educador infantil e da criança pequena – não transformada em pequeno infante escolar – não há garantias de sucesso ou de ausência de problemas – mas a chance de agenciamento do desejo, através da linguagem e de práticas menos sintomáticas.

IV – CONCLUSÃO: EDUCAÇÃO INFANTIL É UMA MISSÃO (IM)POSSÍVEL?

Uma pesquisa concluída é sempre uma pesquisa perdida, pois o texto coloca-se em seu lugar. Um texto é sempre uma máquina preguiçosa esperando por alguém que lhe confira sentido, esperando pela melhor pergunta para que viva e cumpra seu papel.

(LOPES, FARIA FILHO e VEIGA, 2000)

Através da ênfase no método e da desconsideração do educador e da própria criança enquanto sujeitos (tendo papel fundamental tanto no ensino como na educação), cria-se um processo de genericização[39] escolar, remetido a um ideal pedagógico "pasteurizado". A dicotomia cuidar/pedagogizar anuncia uma criança sem desejo, em que o cuidar seria subvalorizado pelo pedagogizar. Ressaltamos o cuidar como espaço essencial em que a criança se depara com o desejo do adulto e suas formas de ser, o que abre caminhos para a construção da subjetividade da criança.

O educador infantil, pasteurizado em um ideal, não se presentifica em seu desejo de estar com aquela criança; além de desconhecer o próprio desejo de ser educador de crianças pequenas. A capacitação profissional, no caso do educador infantil, parece não permitir que o educador se encontre com as vicissitudes de seu desejo de ser educador, de estar com crianças, como se o desejo de pedagogizar, idêntico para quaisquer crianças, bastasse para sustentar sua prática.

A situação das crianças da Educação Infantil apresenta algumas particularidades, com crianças ainda mergulhadas em dramas identificatórios e edípicos; muitas delas em momentos de constituição do eu, nas vivências imaginárias do Estádio do Espelho. Com estas condições particulares das crianças da Educação Infantil, parece não haver possibilidades de generalização ou de "genericização". Não há criança genérica nem educador genérico

---

[39] Neologismo para indicar a produção de genéricos, pensado a partir das colocações de Corazza (1999, p. 233): *"E que se torne possível subverter o discurso da pedagogia para que ele não seja mais tão imperativo nem controlador, nem excessivamente programado, nem genérico".*

em nenhuma situação, mesmo fora da Educação Infantil. Especificamente nela, porém, as relações impõem presenças e desejos em xeque, constantemente; o que é fundamental à subjetividade da criança e mesmo para a sustentação do ato educativo (por parte do educador)[40].

Recalcadas as possibilidades de crianças e educadores infantis se presentificarem – reconhecer desejos e ambivalências – mais intensas se tornam as "dicas" para intervenção precoce, cerceando ciúmes, medos, mordidas, chutes e agitação; reforçando a necessidade de aperfeiçoamento do educador infantil, da orientação aos pais, da busca de outros técnicos. Indo um pouco mais longe, podemos pensar a hiperatividade e mesmo a dislexia como maneiras de adoecimento da infância em resposta a esta tentativa escolar de supressão de um encontro "subjetivador" entre adultos e crianças, produtor de variadas formas de cuidado e de reconhecimento do desejo[41].

Em função da ausência da reflexão sobre particularidades da Educação Infantil, bem como sobre os problemas da dicotomia cuidar/pedagogizar, a tendência seria a de se utilizar o aparato do Ensino Fundamental como referência – tanto no sentido das técnicas de transmissão do conhecimento, como das formas de avaliar o conhecimento adquirido.

Foulin e Mouchon (2000) indicam que este modelo de avaliação de conhecimentos em forma cumulativa é falho em muitos sentidos: identifica as dificuldades somente no aluno, não propõe estratégias de ação na prática do ensino e não ressalta as habilidades a serem aprimoradas no aluno. Neste sentido, tal modelo faz aumentar o fracasso escolar, como algo de responsabilidade única do aluno; portanto, totalmente inadequado à Educação Infantil.

Então, na Educação Infantil, já aparecem procedimentos de avaliação, com a importância do cumprimento de conteúdos a cada ano letivo, chegando-se à recomendação aos pais acerca da possível "reprovação" de crianças de quatro a seis anos. Uma das queixas mais frequentes dos educadores infantis se refere às crianças que têm problemas de linguagem

---

[40] Todavia, este movimento de genericização pode ser visto nos sistemas apostilados, nos cursos de capacitação de professores em todas as séries, sempre com enfoque técnico e não reflexivo para o educador

[41] Psicólogos, fonoaudiólogos, psicopedagogos, etc., aparecem como os técnicos capazes de "curar" quaisquer desvios do comportamento julgado normal neste ideal genérico e pasteurizado.

expressiva ou receptiva, como obstáculo para a aquisição de conhecimentos, merecendo intervenções técnicas de reabilitação.

Lajonquière (2003) indica que a educação, nestas condições, torna-se um fato de difícil acontecimento. A partir de sua colocação, observamos que, na Educação Infantil, a insistência na pasteurização do ensino, em nome de um ideal de aluno e mesmo de sujeito, soma-se às perspectivas desenvolvimentistas e prospectivas da infância; algo problemático para crianças maiores, e mais prejudicial à criança pequena, como indicaremos mais à frente.

Por outro lado, o educador infantil, na vertente genérica mencionada, seria "danoso" para si e para a criança. Se só aprendemos pelo exemplo e pela experiência, a criança nada apreenderia de si, por não poder aprender com o outro/educador, vazio de si mesmo, já que "vazio" do reconhecimento de seu desejo.

Destaco aqui dois aspectos desta "genericização" que estão mais presentes na Educação Infantil: o lúdico e o trabalho corporal.

Nas propostas para a Educação Infantil, vemos livros, artigos e cursos de especialização e capacitação que fazem uso do lúdico como técnica pedagógica, baseando-se no fato de as crianças estarem sempre brincando. Se brincar conduz ao aprendizado sem intenção, com o lúdico, busca-se ensinar brincando e, consequentemente, aprender brincando.

Brincando até se pode aprender, mas aprender é um processo que exige trabalho. A partir de Huizinga (1938), tem-se o brincar como algo descompromissado, inconsequente, que não tem intenção definida, para se caracterizar como lúdico. Assim, parece difícil concordar com a frase "aprender brincando".

As marcas do imaginário social, nas produções discursivas, a respeito do lúdico podem delimitar sua compreensão. O brincar e as brincadeiras costumam ser associados à infância, ao infantil e à criança, equivalendo estes à irreverência e à diversão inconsequente das atividades lúdicas; que não se apresentariam como algo sério, responsável ou adequado aos adultos ou às situações importantes.

Ao planejar suas atividades com bichos, atividades lúdicas, cores, etc., o educador traz as marcas imaginárias do significado inconsequente do lúdico, de sua infantilidade e menoridade (ANDREOZZI, 2005). Ainda que se utilizar do lúdico, como método, possa tornar a aprendizagem agradável, com brinquedos e brincadeiras ou sem elas, a criança terá que despender energia e trabalhar investimentos e contra-investimentos para conseguir aprender.

Ou seja, o fato de a criança estar "solta" em um ato de diversão também implicaria em marcas representativas. O que se aponta como "problemático" é a desconsideração do trabalho que qualquer aprendizado exige, mesmo na criança.

No ensino pasteurizado e genérico, se as brincadeiras e o brincar forem planejados desconsiderando o educador "presentificado" nos plane-jamentos que faz, e o reconhecimento do desejo que o faz educar crianças ludicamente, o uso de técnicas e modelos se torna mais premente, reforçando a ida a novos cursos, ou aperfeiçoamentos, etc. Quando se fala em lúdico na educação, é lúdico para quem? Para quê?

Lemos (2007) identifica a captura do brincar pelas maneiras de dis-ciplinarização anunciadas pelos estudos foucaultianos. A autora releva que as formas indicadas de brincar (brinquedos e brincadeiras, também) são estratégias de disciplina e controle dos corpos, servindo à biopolítica.

A brincadeira e o brincar, em qualquer espaço de crianças, deve ser lugar de *"expressão e pode representar, manifestar o que não é dito em palavras. É uma fonte de prazer, de conhecimento e autoconhecimento. Trata-se, assim, de uma valiosa forma de conexão com o mundo"* (REZENDE e SÁ, 2018, p. 55). As autoras são precisas no sentido de mostrar que brincar não é, por excelência, uma ferramenta da escolarização, mas, antes, uma condição da criança que pode ser o canal de comunicação.

Para tanto, Rezende e Sá (2018) definem o termo *brincar bem* como uma condição essencial da criança que traz, no seu cotidiano, saber brincar, de forma concentrada, atenta, dedicada e intencionada. Ou seja, de verdade, a criança não está brincando. Construindo e destruindo, fazendo e desfazendo, repetindo, retomando, as crianças estão representando as várias formas de poder ser. O acesso a materiais desestruturados, como areia, água, terra e tantos outros permitem esta exploração e a composição do próprio corpo.

O outro aspecto que indicamos anteriormente é o do trabalho corporal. Refletir sobre isto é importante já que a criança de zero a cinco anos é alguém que se oferece com o próprio corpo ao adulto, de maneira muito mais frequente que a criança maior; até mesmo por toda a sorte de cuidados que demanda. De acordo com Garanhani (1998), as formas de lidar com o corpo na Educação Infantil variam de acordo com as tendências teóricas da Pedagogia em cada época.

No final dos anos 1980, as práticas psicomotoras e de estimulação precoce (com grande força na formação do psicólogo) parecem perder a força em prol de outras práticas voltadas ao letramento e à alfabetização. A estimulação psicomotora parece ter-se tornado uma prática em casos de deficiência (física, mental) e menos por psicólogos que terapeutas ocupacionais e fisioterapeutas. O advento da Fisioterapia, como profissão que cuida do corpo em movimento, teria contribuído para o desvio das questões corporais para a esfera do adoecimento?

Há um ressurgimento das práticas psicomotoras em alguns cursos de especialização em Psicopedagogia. Neste caso, a psicomotricidade se torna um instrumento reabilitador da capacidade de aprendizagem, torna-se uma técnica reabilitadora somente. Com esta ênfase da Psicopedagogia e da fisioterapia, o corpo se tornaria passível de trabalho na correção e na prevenção de problemas; ou seja, cuida-se do corpo na sua forma doente.

Pensando a Educação Infantil, observamos que algumas atividades lúdicas se fazem com o corpo, mas com vistas a um desenvolvimento geral, que se direcionaria à alfabetização. Neste desenvolvimento do corpo e seus movimentos, as ações desviantes, anormais estariam na ordem das preocupações, a serem evitadas ou condicionadas. Desse modo, o corpo também se torna genérico, quando visto sob a ótica prospectiva e desenvolvimentista, já que "se todo corpo se desenvolve de tal maneira", é de qualquer corpo que se fala e de todos os corpos de maneira homogênea.

A subjetividade humana prescinde do corpo que, por sua vez, não existe à parte da linguagem (pois não há separação entre o corpo e a palavra, diz SELAIBE em 2004) e esta subjetivação se dá a partir do Outro, de sua demanda e das falhas insuturáveis presentes na linguagem: *"cada sujeito se constituiria uma resposta 'sintomática', improvisada e contingente, exatamente a essas falhas"* (CRESPO, 2003, p. 80).

Como se dá esta subjetivação no espaço da Educação Infantil? Na hipótese de pensarmos o educador como genérico, a quem a criança ofereceria o próprio corpo? Pensemos primeiramente nesta questão a partir da família contemporânea.

No espaço familiar, a criança está endereçada aos que estão implicados em seu desejo pela criança; em geral, os familiares. E a criança se dirige a estes familiares inquirindo sobre o espaço que lhe cabe na vida, no cotidiano, em relação a si mesma e aos outros. Nos dias de hoje, todavia, a família parece ser requisitada como ausente, dando lugar a saberes científicos e livrescos, e, ignorante dos filhos que produz, oferece-as à ciência em imolação e sacrifício.

É como se a família atual "passasse a criança adiante", anulando sua implicação essencial com a criança, desde sua significantização corpórea. Observamos que o corpo da criança é recortado, investido e erotizado pelos seus e à maneira deles, para que se crie algum pertencimento. Pertencimento este que se faz nas aproximações e diferenças indicadas no discurso familiar: "ele se parece comigo", "puxou para a avó", "não tem nada a ver com o pai", etc.

Assim, a criança, entregue à escola ou à ciência (na forma do pediatra ou de outros especialistas, como psicólogos, fonoaudiólogos, etc.), apresentaria os efeitos desta entrega, em sintomas do corpo ou mesmo escolares. Algumas vezes, a criança produziria sintomas em resposta às tentativas de o adulto evitar o mal-estar e o desconforto da vida, a castração e suas imposições (de limites, p.ex.); e ainda que nenhum saber científico possa dar conta totalmente das questões humanas, o modelo prospectivo e desenvolvimentista se impõe cada vez mais, dando segurança aparente aos pais e adultos em geral.

Na escola, as tentativas de conter o mal-estar dos desacertos cotidianos – marcas do sujeito dividido – aparecem nas práticas pedagógicas (que se referem ao homem idealizado, sem falhas, sem sintomas) e, a nosso ver, mais claramente, com as crianças menores. O educador infantil, "neutro", não poderia acatar este oferecimento (do corpo) da criança, pois isto estaria "fora da profissionalidade". Porém, como evitar o contato se é preciso, também e fundamentalmente, cuidar? E cuidar é cuidar do corpo da criança que não passa imune aos toques, dizeres, pomadas, lencinhos umedecidos, silêncios e odores que permeiam esta relação de cuidados.

Desse corpo (des)investido e (des)erotizado, produzido pela Educação Infantil tanto para o educador infantil como para a própria criança, emergiriam dificuldades da motricidade (grossa e/ou fina) que atraem, mais uma vez, saberes científico-pedagógicos como problemas a serem resolvidos com alguma técnica; que tendem a ser compreendidos como falhas na Educação Infantil – seja pela escolarização em si, seja pelo aluno-criança imaturo para as aquisições necessárias à alfabetização. O que faz retornar à necessidade de capacitação e aprimoramentos para suturar estas assim supostas falhas.

Tal como se apresenta, a Educação Infantil parece negar, de forma maníaca, os caminhos desejantes, advindos do educador e da criança; além da tendência a impedir as produções familiares no sentido dos saberes que constituem o sujeito e lhe dão noções de pertencimento. A Educação Infantil se torna (im)possível quando o inconsciente, uma vez recalcado, puder ser reconhecido como um saber que não se quer saber, mas que se sabe.

O final deste relatório/texto se deu com uma série de descobertas e outras tantas dúvidas; ainda que, pensando desde o início de meus estudos no assunto, muitas das últimas tenham sido agenciadas para novos questionamentos. À medida que lia os textos para subsidiar minhas reflexões, vinha-me um primeiro pensamento de que a escolarização da criança pequena não deveria existir, que poderia ser "inventado" um lugar que acolhesse as crianças de maneira menos comprometida com o ensino dos conteúdos e mais compromissada com a humanização do estar-com-o-outro.

Dizer não à Educação Infantil me parecia, à primeira vista, uma conclusão certa, mas detive-me nela e vi seu descabimento. *Não à Educação Infantil* também seria uma busca de outra chance de existência, na "invenção" do outro lugar, de uma educação sem riscos, sem problemas, como se fosse possível uma construção humana que não tivesse avesso. Meus pensamentos eram, pois, fruto do imaginário (psico)pedagogizado em mim.

Não se pode responder negativamente à Educação Infantil, mas trazê-la à luz de discussões e reflexões que possibilitem à criança, ao educador infantil e aos pais o reconhecimento dos limites de uma prática de ensino e a amplitude do ato educativo. Não é fácil lidar com a necessidade, humana, de ter garantias, de sonhar com a completude, de chegar ao ponto final da tensão.

Este sonho de completude, porém, deve ficar na esfera das utopias. Não pode se tornar uma certeza, tal como se vê nas propostas metodológicas feitas pela (psico)pedagogização das escolas, através da educação ideal. Neste sentido, educar toma ares de missão, de vocação, de sina e sacrifício, em que educadores e alunos são permanentemente devedores, pois sempre poderia ser melhor.

Quantas vezes não ouvimos a reclamação: "se tal aluno se dedicasse mais um pouco, ele seria excelente"? Com esta frase, desconsidera-se que ele fez o que quis ou o que pôde e não o que poderia; desconsidera-se que pode ter feito, também, de acordo com o que lhe foi ensinado – quantas vezes os problemas de aprendizagem não seriam problemas de ensinagem?

A efetividade do cotidiano, através dos acontecimentos, transforma-se rapidamente em fato passado, impõe-nos a castração do tempo, da linearidade dos segundos, que jamais podem ser retomados; nem mesmo no sonho do futuro. É a partir dos fazeres cotidianos que se educa. Em nosso texto, educar é apresentado como algo que excede o ensino, propiciando caminhos da subjetivação e o laço social, através das marcas advindas do Outro. Assim, a Educação Infantil não é uma missão, mas uma ação, no sentido de uma prática que se "utiliza" dos métodos e técnicas pedagógicos como meios e não como um fim em si mesmo.

A Educação Infantil é uma ação que se faz possível através do reconhecimento de sua impossibilidade; é, pois, uma ação (im)possível. E suas particularidades devem ser pensadas, no sentido de permitir seu manejo como única viabilidade:

1. A Educação Infantil é uma transição para a criança, do espaço familiar para a convivência em outros espaços sociais. Lá, a criança aprende e convive, com adultos que estão implicados em sua permanência, que se envolvem com ela, e mostram (querendo ou não) como lidam com a castração e como reconhecem ou obturam o próprio desejo;

2. Para o adulto, educador infantil ou educador-auxiliar, estar com crianças pequenas é ser tomado pelas próprias experiências com a infância: a criança que ele mesmo adulto foi, as formas como foi cuidado e o que se espera da infância, de acordo com o imaginário social de cada época;

3. A criança, na Educação Infantil, está em franco processo de subjetivação, e o educador infantil ou educador-auxiliar faz parte deste processo. A escola de Educação Infantil é um espaço que propicia uma subjetivação, do *pequeno infante escolar*, criança pequena que se faz aluno, imprimindo singularidades das relações da criança com a escola, dos pais com a escola e mesmo da sociedade com os pais que escolarizam seus filhos;

4. Há uma dimensão assistencialista na Educação Infantil, dada a importância deste momento enquanto subsistência e sobrevivência para todas as crianças, independente da classe social; ainda que se observe que, nas classes menos favorecidas, fornecer a subsistência se transforma em desculpa para não dar acesso a outras possibilidades educativas e mesmo pedagógicas. De maneira geral, contudo, o assistencialismo na Educação Infantil jamais suprirá a falta-a-ser de sermos humanos.

Estas particularidades parecem ser pouco ou nada contempladas pelos documentos oficiais (parâmetros e referenciais). Estes documentos, lançados de maneira mais intensa a partir da década de 1990 trazem questões que conformam o currículo manifesto da Educação Infantil. Na forma latente (ou implícita) do currículo, podem ser observadas as tentativas de tamponar a castração e suprimir de vez o desejo que anuncia a incompletude do educar e a falta (constituinte) do sujeito.

A ilusão dos adultos, do passado ("eu era feliz quando criança e não sabia") e do futuro ("meu filho terá tudo o que não tive"), tanto nos educadores como nos pais, parece ser o combustível que dá à ciência e aos saberes tecnológicos o aval de execução de práticas que desconsideram sua origem Ilusória. A isto se refere a educação ideal.

A ilusão – do IDEAL DA EDUCAÇÃO – é fundamental para alimentar a caminhada da existência humana, dentro ou fora da escola. Todavia, saber disso como ilusão não a desmerece nem diminui, mas coloca-a no devido lugar: de ponto de chegada que sempre está "bem ali", então é preciso continuar. Este é o horizonte das utopias.

A Educação Infantil é uma ação impossível, de acordo com a *educação ideal*, pois não há um modelo, nem uma possibilidade de tudo educar, em processo que se conclui. A Educação Infantil é (im)possível se o objetivo for o *ideal da educação*, que considera a possibilidade de educar, desde que se assuma que não há técnica a aprender que possibilite "dar conta do recado" (inteiro), suprimindo o desejo de "novos recados"; a castração resta, e resta impossível.

Os educadores infantis de nossos dias, imbuídos da tarefa de "dar conta" da criança, suprimindo a subjetividade (tanto a deles como a das crianças pequenas), perdem o tempo do pertencimento, da surpresa e da única possibilidade de bem educar – um dia de cada vez, sonhando que o dia em tudo ficará bem (jamais) chegará...

2016

DA EDUCAÇÃO DOS SENTIDOS: CONDIÇÃO DE EXISTIR

Este breve estudo busca articular as condições iniciais da vida humana às estratégias de representação, na passagem do organismo ao corpo. O principal intuito é o de refletir sobre os excessos não representáveis e sua conservação para servir à compulsão à repetição – mola mestra do processo de elaboração psíquica.

Não custa lembrarmos, mais uma vez, que a disposição para a humanização não é algo pronto e definido no nascimento. Nenhuma novidade nisso. Todavia, entender e refletir sobre a virtualidade que habita os humanos é algo que não se deve cessar de se pensar, para bem valer a conduta dos adultos em relação às crianças. A clínica da intervenção precoce, cada vez mais, indica a ausência dos outros humanos diante dos recém-chegados, chegando à negligência.

Vazios que somos desde que nascemos, dependemos de que outro, *Nebensmensch*, traga, com sua proximidade, a condição de ser pelo voto, pela aposta na superação de nossa incipiência. E esta aposta deve ser para além de um corpo, na esteira dos acontecimentos de discurso que recortam cada movimento, nomeando-o e o codificando para que seja inscrito no mundo humano. Retoma Ansermet (2003) que toda criança é, então, adotiva de outro humano desejante. Os laços de filiação são criações culturais, artifícios para a humanização. A humanização é artificial.

Por conta do vazio e da necessidade de "preenchimento", o recém-nascido está dado ao Outro. Outro da linguagem, da cultura, da função de apostar e sustentar a garantia da virtualidade de ser. Dado ao Outro e às demandas que d'Ele vêm, o *infans* resta no silêncio de Seu gozo.

Diz Ansermet (2003) que o bebê, tal como se apresenta ao nascer, não é manejável, a não ser a partir do empréstimo simbólico do Outro que o imaginariza. É do indizível Real que o bebê advém no corpo imaginário. Por isso, é essencial que o bebê se constitua sujeito, alienando-se e se separando, acedendo à possível liberdade significante que o palavrório da linguagem permite.

Na alienação, a criança se oferta ao Outro, para ser pela primeira vez: ser-para-o-Outro. O nó, que ata e complexifica, é que o Outro traz mais do que o bebê pretensamente precisa. Com o alimento, por exemplo, vem uma série de "coisas" (*Dinge*) que se impõem como agregadas a ele, obrigando o bebê à digestão do além do alimento.

Além do alimento, cheiros, sons, palavras (prenhes de intenções e votos de aposta), tatilidades, sensorialidades excessivas que apelam para outra elaboração. Esta, a partir da pulsão, se faz através da concepção (*Vorstellung*) de uma imagem, que re-apresenta estas sensorialidades em bloco, como Representação de Coisa, cuja marca pulsional se faz Afeto da mesma Representação.

Por que sensorialidades excessivas? Porque se mostram além do que se necessita – fora do autoconservativo. Este excesso não pode ser *todo* re-apresentado, algo dele resta na forma de gozo, de sem nome que está no *mais-além-do-princípio-de prazer*, na repetição. Se o princípio de prazer é a menor tensão possível, ir além disso é ir de encontro ao excesso de tensão, que extravasa no corpo.

As demandas do Outro em relação ao bebê o situam, então, em uma encruzilhada de sensorialidades que afetam e o assujeitam a inscrevê-las (como sinais perceptivos) e transcrevê-las (em Representações de Coisa) para suportar seu impacto. O que sobra em gozo (*Genuss*) permanece na repetição, não cessando de não se inscrever.

A série prazer-desprazer se instala para dar conta tanto destes excessos como do encaminhamento daquilo que, por ser de afetação proprioceptiva, não permite escape simples ou mesmo motor (FREUD, 1895; 1920). O que deve ser elaborado na sequência inscrição-transcrição-tradução, chegando à palavra, sobra sem nome. Silêncio (do gozo) do Outro, já que o gozo é irrepresentável?

De tudo o que vem do Outro, é o palavrório que se destaca. Por quê? Porque traz, no significante (sons das palavras), o enigma de significados não representáveis, da ordem da intenção, do voto e da aposta – feitos pelo Outro em relação à criança –, mas de fonte Inconsciente. Estes significados são irrepresentáveis, por isso, enigmáticos, incitando o bebê (ou a criança) a imaginarizar o que o Outro deseja dele/dela.

Neste sentido, as Representações de Coisa são elementos do aparelho psíquico, ideias – investimentos de traços mnêmicos – e os afetos/sentimentos são processos de descarga cujas expressões finais são tidas (percebidas pelo sistema PCS-CS) como sensações (FREUD, 1915). Dor, prazer (alívio de tensão psíquica) e angústia seriam anteriores aos outros afetos. Assim, estouram as barreiras de inscrição e tradução, sendo percebidos em agudeza.

Se o aparelho psíquico fosse tomado por essa intensidade continuamente, logo perderia toda a possibilidade de elaboração. Não se poderia pensar nem aprender. Para dar conta da imensa gama de investimentos e entrecruzamentos de *demandas advindas do Outro* (afetações), a montagem recém-humana deve se desdobrar em tolerância. E esta tolerância, segundo Freud (1895), se faz na criação da memória, do registro dos acontecimentos em Imagens-Objeto. Ou seja, traços mnêmicos.

A modelagem entre o aparelho psíquico recém-feito e o Outro acontece em um interjogo que implica disposições e disponibilidades de parte a parte. A arena deste embate é o corpo que, à medida que é anunciado pelo encadeamento significante, corporifica-se. Na dimensão empírica do corpo, o significante se entranha, afetando e produzindo gozo (DUNKER, 2010).

A distância entre as imagens constituídas pelas ideias e os acontecimentos que permitem alguma satisfação abre o hiato do desejo. Na lógica da economia do desejo, o aparelho psíquico se orienta em busca de objetos que, outrora, dariam conta do zeramento da tensão; embora miticamente. Refere Dunker (2010) que se paga pelo desejo (e sua economia) com um pedaço da experiência corporal. Tal experiência se presentifica pelas marcas de afeto/sentimento, dando a noção imaginária de unidade no corpo. Então, um corpo é sua dimensão imaginária (MILLER, 2004).

A operação da linguagem (significantes e significados) faz surgir, do ser vivo/organismo, um sujeito. De tal forma que, a despeito do organismo e de qualquer história, surja um si mesmo que pensa e aprende de acordo com suas próprias condições e conduções. Aprender e pensar depende das vivências dentro e fora do corpo, do investimento das zonas erógenas, a observação do mundo, os ditos e falas sobre os corpos humanos ou os corpos vivos. É do embate com os excessos (restos incômodos) que emergem os traços em si (MILLER, 2004).

Algo surge de novo a cada criança, entre a transmissão do Outro e a criação que ela faz disso n'Isso. E, dessa hiância, extrai-se, renovado no si mesmo, a possibilidade significante. Para além da transmissão, portanto, a assunção subjetiva.

Os incômodos, assignados enquanto restos não memorizáveis, também afetam os que se ocupam de serem Outro. O gozo não é privilégio dos bebês, enquanto massa de constituição do sujeito. Laznik (2013) indica que o termo gozo, apesar de tratado muitas vezes de forma pejorativa, tem papel necessário no cotidiano do sujeito.

Ao se ofertar ao Outro, o bebê faz com que, na pessoa que sustenta a função, instaure-se uma dimensão gozosa; já que o bebê faz parte da economia de desejo de quem dele cuida significativamente, senão o voto de aposta seria impossível. Por isso, é fundamental que este cuidador (que costumamos chamar de mãe) *"não se tome pelo Outro e saiba que o gozo do Outro, embora ele possa entrevê-lo, é-lhe proibido. Que ela, a mãe, é marcada pela castração e pela proibição do incesto"* (LAZNIK, 2013, p. 18).

Como o gozo é oposto ao princípio de prazer, deve ter limite; sob pena de extravasar sofrimento, desprazer, que é a consequência do gozo. É condição de sustentação do Outro, como função, que haja a castração. E é daí que, na Separação (outro polo da constituição do sujeito), advirá o sujeito enquanto efeito da falta no Outro. Tal é a garantia da emergência do sujeito privado como sujeito do desejo.

O bebê goza em ser-o-falo-para-a-mãe e compartilha esta condição em cada ação e reação à mãe que lhe chega consigo mesma na condição de Outro, que não cede e não se esquiva de não o fazer, sabendo de seu limite. É pela renúncia ao *"gozo fechado à mãe"* (LAZNIK, 2013, p. 25) que o bebê pode vir a ser sujeito de si mesmo.

Como, então, a mãe respeita os limites do gozo? Por ser Outro, a mãe pressupõe sentidos em tudo o que o bebê faz, vendo nele e em seus sussurros, gritos e balbucios, um endereçamento a ela, já lhe adianta ser sujeito antes mesmo que se coloque assim. O Outro fala para o bebê e a partir dele, ocupando os dois lados da locução, presumindo interlocução.

Em outras palavras: o gozo do bebê é *"fisgado no campo do Outro (o que supõe, para que haja gozo, que um outro em carne e osso queira realmente se prestar a ocupar esse lugar)"* (LAZNIK, 2013, p. 32). É no campo do Outro, portanto, gozo do Outro, que o sujeito advirá. Acrescente-se a este campo o tempo que garante a interlocução, no ritmo da fala, para regular o princípio de prazer, garantia da emergência do desejo.

É a linguagem que configura o campo do Outro. A partir da língua, a criança entra no campo do desejo e se encaminha da atitude narcísica ao amor objetal – inserindo-se em processo de Transação/Troca (ANSERMET, 2003). Este processo é possível porque a criança se entrega como objeto fálico ao Outro, a quem (algo) falta, para, logo em seguida, perceber que ela, criança, não é o que Lhe falta.

Quando o Outro silencia, resta ao bebê ficar em *"gozo fechado e estranho à mãe"* (LAZNIK, 2013, p. 25). Nos dias de hoje, assiste-se ao silenciamento de todos, através da sideração causada pelos aparelhos eletrônicos. Agora, calam-se as crianças também, com tablets e celulares, na esquiva de contato, de estar junto, de construir com o outro. Rompe-se a possibilidade de particularização, do cada um, de si mesmo, em nome da estandardização que favorece a destituição do estatuto de escolha e liberdade. As imagens apresentadas às crianças nos dispositivos midiáticos permitem os restos de incômodo ou os silenciam?

Novas questões que me permitirão novas elaborações.

2018

PATOLOGIZAÇÃO E MEDICALIZAÇÃO DA INFÂNCIA: HÁ SOLUÇÕES?

É estupendo ter um louco à mão, isso enxota a angústia da gente!

Jacques (MANNONI, 1988)

A contemporaneidade trouxe uma série de mudanças tecnológicas e técnicas, alterações de leis, nos projetos e na prática do ensino/educação em geral. Algumas destas mudanças foram benéficas e somaram muitas conquistas. Mas há outras que apresentam uma gravidade de risco para a constituição do sujeito e para as crianças e jovens que invadem a educação em todos os seus espaços.

Estas mudanças se referem à (psico)patologização e medicalização da vida. Escolas e educadores (pais ou professores) buscam diagnósticos de forma sistemática e é quase uma raridade encontrar crianças que não tenham passado por neuropediatras e psiquiatras, antes de se buscar razões do cotidiano para seu sofrimento psíquico. Essas crianças e jovens chegam aos espaços escolares ou consultórios psis já diagnosticadas e medicadas.

Este diagnóstico generalizado, feito em pouco tempo (no máximo em meia hora), é uma etiqueta, um rótulo que dá acesso a determinadas formas de tratamento e concessão. Não permitem Laço Social, pois não se entra nas relações de estar-com-o-outro de acordo com uma proposição própria, mas desde uma genericização de sua existência.

Quando uma criança ou adolescente tem um laudo, é chamada de laudada. Com isso, sua recepção no meio escolar é direcionada por uma (psico)patologia desconhecida tanto do lado de quem emitiu o laudo como pela família e menos ainda pelos educadores. Como os laudos são emitidos em situações rápidas, com exames nem sempre indicativos de coisa alguma, é questionável se os profissionais que o fazem estejam sabendo, de fato, o que acontece com o avaliado.

Quem é laudado tem todas as suas formas (de fazer, estar ou pensar) marcadas pelo rótulo dado e jamais percebidas a partir da realidade e contexto da criança ou do adolescente. Raramente são avaliados sobre como são com suas coisas, qual a responsabilidade que têm por suas próprias atitudes e o que isso, no contato com o outro educador, pode significar.

Ou seja, se educar for uma troca de conhecimentos (mais que de conteúdos), atuais e interpessoais, em que as técnicas de transmissão (pedagógicas) são um meio de acesso ao conhecimento e não um fim em si mesmas, o processo ensino-aprendizagem tem duas faces. Logo, nas dificuldades de aprendizagem, há alguém que não cumpre seu dever de educar e outro que não exerce seu direito de aprender.

Pensemos a respeito.

Humanização

A condição humana é de desamparo, de desfavorecimento e de deficiência instintual. Assim, cada humano deve ser iniciado acerca de como sobreviver e, especificamente, viver na condição de escolher – ato primordialmente humano de livre arbítrio e decisões. Para tanto, todo ser humano é capaz de aprender.

O aprendizado é uma marca das possiblidades de sobrevivência humana que acontece, se, e somente se, houver transmissão; tanto no sentido vertical, dos mais velhos aos mais jovens, como no sentido horizontal, entre pares de mesma idade. Do outro lado do aprendizado, pois, existe a capacidade de ensinar.

Aprender e ensinar estão para além do ato em si, significando o processo da *humanização*, fundante para o ser humano que, a cada nascimento, exige a adoção no "bando" humano. A linguagem, com suas falas e ditos, é que faz a vinculação entre os humanos.

Esta vinculação é a transmissão educativa, obriga o outro humano (mais velho ou em paridade) a cumprir o papel de cuidador. Como *próximo cuidador*, é pelo voto e pela aposta no recém-nascido que se vai além de seu organismo incipiente, na esteira de acontecimentos de discurso que recortam cada movimento, nomeando e codificando para que o bebê dê entrada no mundo humano.

Neste sentido, cada novo humano pertence ao Outro, da linguagem e da cultura. Portanto, para ser humanizada, a criança está assujeitada ao movimento do Outro; movimento este que o conduz às repetições que sistematizarão sua subsistência.

O processo de humanização/educação impõe que, quem estiver na função de cuidador, faça o empréstimo simbólico fundamental ao bebê que, endividado para sempre, pagará um pouco através de vir-a-ser outro, também como função. Desta forma, delimita-se claramente que ninguém poderá ser sem que alguém outro, anterior, tenha recebido o bastão deste empréstimo/dívida e é isso que se começa pagando com a alienação do próprio corpo às repetições necessárias para a sobrevivência, conduzida pelo Outro.

Em termos teóricos, é isso. Mas, em termos práticos, como esta transmissão da dívida se faz e se adquire, é através de um sem número de ações banais que precisam ser cozidas (e cosidas, costuradas) com tempo, presença, paciência, persistência e tolerância – impossíveis de acontecer na dimensão de gostos ou de quereres. Ou seja, humaniza-se/educa-se por dever e não por direito. Dever da dívida, dever da obrigação...

O processo educativo implica em, seguindo-se a uma aposta (que não pode ser anônima para os pais, só é anônima para os educadores outros), ensinar a sobreviver (cuidar de si mesmo e estar com os outros – higiene do corpo, construção de hábitos, ditames e regras da convivência social), desenvolver autonomia (fazeres consigo e com o outro, quando necessário, de acordo com as marcas da sobrevivência, nas mais varadas situações) e conquistar a independência (a partir da sobrevivência e da autonomia, decidir e arcar com os custos do próprio caminho, sabendo ser/estar sozinho e com os outros).

Embora esta humanização se faça no nível vertical e no horizontal, é no primeiro que – pelas cicatrizes do cotidiano familiar – tecem-se as marcas de cada um, advindo de uma unidade comum, a primeira comunidade. Do nível horizontal, fortalecem-se e/ou se estabelecem os fazeres na diversidade, construindo a tolerância e o suporte às variações educativas. No nível vertical, os adultos (da família e da escola, etc). No nível horizontal, os amigos, os parentes de mesma idade, os colegas de sala.

De um lado e outro, a complexidade é enorme, embora feita de atos simples e nada especiais. Isso é importante para desmistificar que "é preciso fazer tal coisa" ou "é preciso ter isso ou aquilo"... O que é preciso é preciso ser gente disponível e disposta para transmitir. Só isso, embora isso não seja só. Qualquer um pode fazer isso, mas aquele que é disposto e disponível *não é um qualquer*, é quem o fará – de novo – por dever.

Deste dever, destacam-se o já mencionado sobre a permanência e a persistência. Permanência é estar no tempo, paralelamente ao que se faz – cotidianamente – pela persistência. Na persistência, há a presença que atualiza a função de quem transmite e a recepção do outro lado. Na permanência, há os lugares de cada coisa, independente das adversidades e conflitos, configurando os lugares onde as pessoas se situam umas para as outras, nos limites e (im)possibilidades das relações humanas.

A passagem do tempo, na presença, é essencial à humanização. Mas repito: não há garantias, ações certas. O olhar de quem transmite configura a sua possibilidade de interlocução, de existência e de viabilidade na sociedade humana. Porque há aposta, a humanização/educação acontece de forma gradativa, na tradição dos costumes, do jeito que o território, em que as comunidades estão, permite e avaliza.

Classificações, categorizações e diagnósticos

O processo de humanização, de acordo com o exposto, vai se produzir de acordo com as particularidades – a singularidade; entretanto, o processo em si também terá inúmeros caminhos. Logo, é impossível que cada um consiga, com seu cada qual, vingar no dia-a-dia sem sofrimento, sem desgaste, sem esforço e sem fracasso. Ou seja, o sofrimento humano é condição existencial de sua possibilidade de aprendizado, de conhecimento, de crescimento e é a mola mestra das invenções.

As classificações diagnósticas foram criadas como estratégia de conhecimento acerca das causas de morbimortalidade (doenças e causas de morte). Neste sentido, são ferramentas importantes para os governos compreenderem onde gastar a verba pública e como gastá-la de forma mais eficaz, sem desperdício; na forma de atenção básica/primária. Também foram inventadas para facilitar pesquisas e investimentos nas pesquisas mais importantes.

Neste sentido, que fique claro, as classificações do tipo CID (OMS, 2018) e DSM (APA, 2013) não são ferramentas de avaliação clínica. O que faz a avaliação clínica é a observação de cada caso em relação aos casos que já se apresentaram com aquela condição.

No quesito das chamadas doenças "físicas", em que se pode, na maioria das vezes, estabelecer a história natural da doença, esta observação é mais fácil, pois costuma superar as singularidades de cada doente. Todavia, no quesito das doenças mentais, esta é uma tarefa que se mostra infrutífera, pois, nestes casos, é a singularidade que demarca o formato do adoecimento, juntamente com o contexto em que vive o adoecido.

Ou seja, na avaliação dos problemas de sofrimento psíquico, a avaliação clínica (observação, discriminação de diagnóstico diferencial, hipóteses etiológicas, proposta terapêutica e previsão prognóstica) é fundamental. Mas é justamente aí que se encontram as falhas atuais, desde a Medicina (baseada em Evidências) e mesmo a Psicologia. Os profissionais clínicos não estão se baseando em cada caso com seu cada qual para diagnosticar, e sim nas classificações dos manuais em voga – CID e DSM.

A classificação do tipo DSM (Manual Diagnóstico e Estatístico dos Transtornos Mentais), da Associação Psiquiátrica Americana, chegou à quinta edição, com ênfase apenas em saúde mental. Foi publicada em 2013 e traduzida para o português em 2014. Houve grande debate dos grupos e relatores em torno da possibilidade de que todos os transtornos mentais pudessem ser compreendidos na esfera de uma causalidade neuroquímica. Desde 1980, com o DSM III, esta perspectiva já se avizinhava, com a criação dos critérios diagnósticos de forma a excluir os aspectos particulares, reforçados na edição revisada de 1987 (DSM III-R) e a de 1994 (DSM IV).

A classificação do tipo CID (Classificação Internacional das Doenças), da Organização Mundial de Saúde, não é exclusiva para transtornos mentais; sua codificação de todas as doenças serve para serviços de saúde público e privado. Chegou à décima primeira edição, mas a publicação só se deu em site da OMS; que pode ser acessada e lida por qualquer leitor em língua inglesa. Deve ser traduzida para o português em maio de 2019.

No item reservado aos transtornos mentais, houve o acréscimo de 14 categorias, com hiperdiscriminação de várias condições. Por exemplo, no quesito Demências, havia 07 subcategorias na CID 10 e atualmente na CID 11, 21 subcategorias.

A CID é eficaz para a comunicação entre os profissionais de qualquer país. Ou seja, é útil para saber o que foi que o outro pensou, é um código. Porém, não é uma avaliação imexível ou inquestionável.

A discriminação aumentada da CID pode parecer um avanço, na certeza leiga de que se está avaliando melhor. Todavia, na verdade, está-se detalhando as possibilidades de refinamento para ações e intervenções que se mostrem eficientes e menos onerosas que a prática clínica que demanda tempo e presença física do avaliador (como a psicofarmacoterapia).

Vale ressaltar que o refinamento diagnóstico para as doenças de interface orgânica é um avanço importante e sua eficiência se reflete tanto na criação de protocolos de abordagem (como se vê no câncer) como na identificação de ações rápidas (como a vacinação de HPV para adolescentes antes da idade de atividade sexual). Quanto a isso, nenhum apontamento e que venham mais descobertas.

Quando se fala de transtornos mentais, não há protocolo eficiente. A eficácia é resultado da ação do humano com humano, que, provavelmente, gasta mais em termos financeiros, mas produz resultados mais duradouros que as proposições atuais (desde as mais leigas, de autoajuda, aos supostos milagres quânticos até escalas e testes psicológicos).

Estar com o outro, vendo-o em seu contexto, conhecendo-o de perto, ombro-a-ombro é a condição do manejo do sofrimento psíquico, cuja remissão é impossível. Em termos de sofrimento psíquico, é possível estar bem, mas ninguém nunca estará bom de si mesmo, livre dos achaques cotidianos, das rusgas de convivência.

É preciso que revejamos as práticas em avaliação diagnóstica de crianças e adolescentes com urgência e diligência. Antes de se pensar em remédios psiquiátricos para crianças e adolescentes, é preciso confiar nas estratégias psicoeducacionais, da criação de hábitos, da negociação das normas e do diálogo entre os profissionais necessários para cuidar das situações que os exijam (pediatras, professores, psicólogos, fonoaudiólogos, fisioterapeutas, etc). Esta rede de ideias, de trocas e de transmissão de saberes pode sustentar as situações mais graves de forma eficaz e relativamente rápida, para que se saiba quando e como uma medicação será necessária – mas sempre como muleta. Nenhuma medicação psiquiátrica é curativa.

Ainda somos humanos e cada humano se humaniza diante de outro humano. Sem pieguices, e com a certeza de que há um trabalho (de linguagem, de conversa, de conflitos, de divergências negociáveis) a ser bancado por cada profissional e pela sociedade em geral.

A tarefa de uma escola, dos educadores é a de sustentar a humanização. Saber das classificações diagnósticas não permite que se cumpra a função de educador. Ou se educa ou se trata alguém, seja lá que diagnóstico tiver. Esta noção de que uma categoria exclui necessariamente a outra indica que ambas são necessárias e, o mais importante, que uma criança ou adolescente com laudo necessita mais ainda das diretrizes da educação, aprendendo a sobreviver, a ter autonomia e a se tornar independente. Isto é, uma criança "laudada" precisa de educação comum.

Claro que é difícil ter em uma sala, com outros tantos alunos, uma criança ou adolescente que demanda prerrogativas diferenciadas para aprender e para estar com os colegas. Porém, este é o osso do ofício de quem se pretende educador. Para tais crianças, é preciso ir além de ser professor, ir além dos conteúdos, do que se recebe como salário ou condições.

Ser educador é uma escolha que implica a responsabilidade sobre a humanização de cada criança e jovem quando algo falhou nas famílias ou na sociedade. E, atualmente, essa é uma ação essencial, fundamental e imprescindível.

Patologização da infância

É preciso pensar as patologias através dos conceitos, para entendê-las como construções e não como dados reais ou enquadres naturais. Elenquei três: Transtorno do Déficit da Atenção com/sem Hiperatividade (vulgo Hiperatividade), Autismo e Transtorno Opositor Desafiante.

Se, e somente se, dependemos do Outro para virmos a ser, as patologias não podem ser <u>da</u> infância – com o detalhe em sublinhado... devem ser produtos da inter-ação crianças-adultos. Adultos também estariam, na sua condição de moduladores/mediadores/mapeadores das sensações e excitações que a criança recebe e para as quais não há anteparo que não seja da ordem humana, adoecidos.

Isentamos as crianças de suas condições e questões congênitas? Em absoluto! Remetemos ao importante trabalho de Saint-Georges et al. (2013), que indica que é a interação entre pais e autistas que se conduz de forma a dificultar a interação – não é uma questão da criança nem dos pais, mas da forma como chegam a esta interação. Cada lado com as próprias questões, mas é no circuito entre um lado e outro que se falha. Por isso, a intervenção ser priorizada na presença dos adultos responsáveis pela criança.

Vale pensar o mesmo em TDA/H, em que o cerne está no déficit de atenção. Atenção, como as outras funções psíquicas é socialmente construída. Isto é, construída com os outros-em-relação com a criança. Inserida na clínica do déficit, esta categoria arrasta toda e qualquer agitação.

Os excessos diagnósticos, massificantes, não permitem a construção do saber sobre *o que está em causa* naquele sujeito. O diagnóstico conduz a tratamentos na perspectiva de *"reeducação, adaptação e normalização"* (VIDIGAL, 2013, p. 100). A este respeito, Jerusalinsky (2011) retoma a perspectiva lacaniana em que as crianças apresentam estruturas não decididas. Clinicamente, portanto, estão em condições de ainda-apostar, de ainda-se-mover. A criança está em movimento quanto à constituição de sujeito e a atuação, a intervenção e, novamente, a mediação dos adultos enquanto Outro são fundamentais.

Justamente aí nossa contemporaneidade falha. Aponta Kamers (2013, p. 154):

> 1) a escola tem se tornado o dispositivo regulador da inclusão/exclusão da criança no domínio do saber médico-psiquiátrico; 2) o saber e a intervenção médica e farmacológica são assegurados pelos dispositivos sociais disciplinares, tais como as escolas, as unidades de saúde e as clínicas privadas; 3) a medicação tornou-se a principal forma de tratamento utilizada pela medicina para responder às demandas sociais realizadas, fundamentalmente, pelas instituições de assistência à infância.

Da parte dos adultos, parecem-me ressaltar duas situações que são causa e consequência desta falha contemporânea:

a. Ou estão siderados, encantados com as crianças (principalmente na primeira infância), olhando-as com o afã de que sejam o que não foram – que consigam viver eternamente na fruição do princípio de prazer. Impossível acontecer sem graves consequências para a humanização das crianças. Voluntariosas, tornam-se adolescentes entediados e adultos desorientados, cativos de quaisquer referências...

b. Ou as crianças são apresentadas aos adultos como objetos de consumo que não demandariam trabalho da construção. Como se as crianças viessem prontas e acabadas. Engano apresentado e admirado no formato midiático da Dora, a aventureira – menina sozinha, cujos acompanhantes não são humanos (macaco, mapa e raposo).

As situações indicadas mostram o quanto as crianças têm sido capturadas pelo gozo do Outro em dimensão não castrada. Ou seja, o Outro se serve da criança sem limites, no silêncio de ações repetitivas, com pouca verbalização e inter-ação. Nos dias de hoje, assiste-se ao silenciamento de todos, na forma de fixação em aparelhos eletrônicos. Agora, calam-se as crianças também, com tablets e celulares, na esquiva de contato, de estar junto, de construir com o outro. Rompe-se a possibilidade de particularização, do cada um, de si mesmo, em nome da estandardização que favorece a destituição do estatuto de escolha e liberdade, colocando em risco a constituição do sujeito.

No Transtorno Opositor Desafiante, algumas vezes nomeado como TOD, veem-se crianças maiores e adolescentes urrando a atenção prometida na dimensão gozosa, mas, por serem maiores, agora lhes é recusada. Com o horror de quem vê esta situação sem limites, as alternativas de medicamentos, de internações (estranhíssima escolha em tempos de luta antimanicomial), de exclusões...

Pré-adolescentes e adolescentes estão orientados para a conclusão entre o que o Outro deles demandou (e toda demanda é de amor) e o que podem oferecer que não seja *se oferecerem*. Oferecer-se ao outro é o lugar da criança. Agora, é o tempo de dar o que se tem, mas antes é preciso achar isso ou confeccionar esta oferta. E o Outro, castrado, deve suportar esperar, orientar e responsabilizar.

No desafio que se opõe, há uma chance de se dizer e de se oferecer, mas é preciso que o Outro, como alteridade, do outro lado, tolere e aguarde. A agonia de vir a ser si mesmo tem um doloroso tempo de metamorfosear-se. Tal como a lagarta que tem que se diluir, em processo autofágico, para vir a ser borboleta[42]. O que se faz diante disso: apoia, espera e acolhe o bebê, a criança, o adolescente que virou si-mesmo.

Para tudo isso, com o filtro ou não dos conceitos, é preciso estar junto, sendo os humanos os mediadores e não os aparelhos ou os dispositivos midiáticos. Juntos no tempo, não significa que as patologias não existirão, já que são os sinais do mal-estar de estar na cultura, como diz Freud (1930) que assumem a forma de cada situação e época histórica.

---

[42] Primeiro, a lagarta se "digere", libertando enzimas para dissolver todos os seus tecidos. Se você abrisse um casulo ou uma crisálida no momento certo, uma "sopa" de lagarta escorreria para fora. Mas o conteúdo da pupa não é inteiramente uma massa amorfa. Certos grupos de células altamente organizadas, conhecidas como discos imaginais, sobrevivem ao processo digestivo. Antes de eclodir, quando uma lagarta ainda está se desenvolvendo dentro de seu ovo, ela desenvolve um disco imaginal para cada uma das partes do corpo adulto de que necessitará como borboleta ou mariposa madura: para seus olhos, asas, pernas e assim por diante. Em algumas espécies esses discos imaginais permanecem dormentes durante toda a vida da lagarta; em outras, os discos começam a tomar a forma de partes do corpo adulto antes mesmo que a lagarta forme uma crisálida ou um casulo. Algumas lagartas se locomovem por aí com diminutas asas rudimentares enfiadas em seus corpos. Mas isso é algo que você nunca saberia só olhando para elas. (http://www2.uol.com.br/sciam/noticias/a_transformacao_da_lagarta_em_borboleta_implica_autofagia.html).

Sendo assim, é essencial que se compreendam as patologias como produções culturais, que se usem as medicações como estratégias de exceção com crianças e adolescentes; já que não sabemos os resultados e consequências em médio e longo prazo.

Inclusão ou inserção?

Nas relações humanas, sempre há a possibilidade de que, de um lado e de outro, haja dificuldades, inabilidades, não-eficiências e isso também acontece no espaço escolar. Para dar conta destas questões, cada vez mais se sistematiza a ideia de inclusão; palavra inclusão que indica, sem que percebamos, as entranhas da exclusão.

O diferente, o que não é reconhecido identitariamente, é percebido como estranho e, paradoxalmente, reforça a identidade; um é diante do outro. É diante do diferente que, objetivamente, cada um se orienta sobre si mesmo.

Historicamente, as diferenças, quando deficiências ou não, foram entendidas como alterações divinas ou como resultado de possessão; causadas ou não pelo próprio indivíduo. Para lidar com estas diferenças, algumas estratégias foram usadas, desde o extermínio, à segregação, à integração e, mais recentemente, à inclusão.

Estas estratégias fizeram parte, principalmente, das instituições escolares. Na lógica da *segregação*, encontrou-se o ensino especial para os diferentes/deficientes em instituições especializadas, de cunho filantrópico em sua maioria, com apoio governamental e acompanhamento familiar. Nenhuma mudança seria necessária:

> A filosofia e as práticas segregacionistas do passado tiveram efeitos prejudiciais às pessoas com deficiência, às escolas e à sociedade em geral. A ideia de que poderiam ser ajudadas em ambientes segregados, alijadas do resto da sociedade, fortaleceu os estigmas sociais e a rejeição. Para as escolas regulares, a rejeição das crianças com deficiência contribuiu para aumentar a rigidez e a homogeneização do ensino, para ajustar-se ao mito que, uma vez que as classes tivessem apenas alunos

normais, a instrução não necessitaria de outras modificações ou adaptações (STAINBACK & STAINBACK, 1999, p. 43-44).

Na estratégia da *integração*, havia o ensino especial através de educação especializada no contexto da escola pública, na forma de classes especiais que, aos poucos, agrupavam alunos com dificuldades de aprendizagem ou com deficiência. Para esta situação, a escola e o contexto educacional eram os mesmos.

Para a *inclusão*, o ensino passa a ser acessível a todos, dando-se apoio à situação de diferença/deficiência dentro do espaço escolar, adaptando-se o ensino regular às condições necessárias para cada aluno; eventualmente, com serviços de apoio dentro ou fora da escola. Para isso, a escola e o contexto educacional devem ser necessariamente outros.

Na inclusão, algumas propostas são essenciais:

- Sala de recursos: equipamentos, materiais, mobiliário que permitam o desenvolvimento das habilidades requeridas para a construção do conhecimento. Professor especializado, em contra turno, atendimento individual ou grupos de até três alunos, com sistema de apoio às avaliações e articulação com o trabalho do professor regular. Na ausência de sala de apoio, é preciso elaborar formas de apoio de caráter itinerante com as características exigidas.

- Sala específica: na impossibilidade de permanência em sala regular, ao invés do contra turno, haverá uma sala específica até a finalização do Ensino Fundamental II, com poucos alunos.

- Apoio externo de instituições que atuam na área da Educação especializada.

Na prática, a inclusão caminha muito atrasada em relação à sua proposta. O que se vê é que

> Concepções e práticas segregacionistas, integracionistas e inclusivistas convivem e se enfrentam no cotidiano das escolas. Pode-se atribuir tal situação ao fato de que as propostas de inclusão foram trazidas de outros países, com histórias diferenciadas de atendimento à deficiência, muitas vezes ignorando o trajeto real da educação especial no Brasil. (ANJOS, ANDRADE e PEREIRA, 2009, p. 117).

O par inclusão/exclusão indica, inevitavelmente, que há formas estabelecidas, preparadas, adequadas para bem transmitir, bem ensinar, bem aprender, bem comportar. Não cabe nesta indicação que o importante para lidar com as não-eficiências ou não-habilidades é o lugar de onde são observadas, percebidas e investidas. Ou seja, também para estas situações, é preciso apostar.

Para tais situações, é preciso pensar estratégias diferenciadas, mas não é da capacitação técnica que advirão novas formas de pensamento, de articulação e de manejo para que sejam eficazes. É do lugar diferenciado do educador que a eficácia será superior à eficiência.

Neste sentido, a técnica não pode superar a compaixão e vale relembrar que o *pathos* – sofrimento e paixão que habitam a condição humana em sua existência insegura e sem garantias – é exatamente o que um analista (ou quem atua a partir do referencial psicanalítico) encontra em sua análise. Desta forma, o analista sabe – *en coeur*, no próprio coração – que todo sofrimento é válido e, assim considerando, posta-se no lugar da função de escutar e, por isso, cuidar para que cada um caia nas tramas do mal-estar que habita o Laço Social, virando-se como puder.

Por isso, *da inclusão à inserção*. A palavra inserção traz, de início, a ausência de paridade. O que seria contrário a inserir? Não existe ex-serir. Parece-nos que as brincadeiras possíveis com a palavra inserção conduzem para as diversidades inevitáveis da singularidade humana.

Inserção é uma concepção que pode abordar não só as diferenças da aprendizagem, mas as diferenças em sua totalidade, fazendo com que o educador não se pré-ocupe com métodos e práticas prévias, mas consigo mesmo, como a condição de viabilidade para cada um, inventando-se cotidianamente.

Não compreendemos a inserção fora do aporte psicanalítico e, claro, isso traz muitas dificuldades, pois a Psicanálise é uma teoria densa que não se estuda por nada além do movimento do próprio desejo inconsciente que suporta esta ausência de respostas e que tem, na angústia, o seu fazer.

2018

PALAVRAS A DIZER:
A AQUISIÇÃO DA LINGUAGEM EM CRIANÇAS
"AQUÉM" DO DISCURSO

A clínica com crianças traz, usualmente, desafios em relação às questões da criança; primordialmente, em relação aos pais. Em *Nota sobre a criança*, Lacan (2003) indica que esta responde à sintomática dos pais e, por vezes, isso impede um reposicionamento, fixando-os de forma complexa. Esta fixação aponta os traços gozosos do sintoma e a restrição do efeito de sujeito e do fluxo do desejo inconsciente para a satisfação.

Isso acontece em todas as famílias, primeira comum-unidade humana. A despeito disso, há uma apresentação clínica diferente que começa a surgir, desde a clínica no autismo até a aqui nomeada como "aquém" da linguagem. Crianças que não apresentam a aquisição de marcos de desenvolvimento importantes (marcha, linguagem e praxias), com ou sem alterações sensoriais. Estas crianças não parecem arroladas no véu sintomático dos pais, mas antes disso, aquém mesmo, sem aposta. Seria possível?

Desde 2015, através do Projeto Da Criança, o NEPE (núcleo de estudos em psicanálise e educação), em Poços de Caldas, acompanha crianças que chegam com diagnóstico de autismo, e que, à medida que a avaliação acontece, não são assim identificadas. De 2015 a 2017, o Projeto atendeu crianças de até 36 meses (frequente: atraso de linguagem). Em 2018, começaram a chegar crianças mais velhas, de cinco a dez anos e alguns adolescentes, até 13 anos (atraso de linguagem e de aquisições mínimas de autonomia).

As reflexões ora apresentadas são fruto deste Projeto, das discussões que os atendimentos suscitam e das possibilidades que se anunciam, de intervenção, de articulação e de encaminhamento das situações, de acordo com o que se apresenta como manejo do sofrimento psíquico. Norteia este trabalho a perspectiva psicanalítica, a partir do tema e de conceitos acerca da constituição do sujeito. E, além destas referências, na condução das atividades com as crianças, também se utilizam as reflexões da Sensório-motricidade, de André Bullinger (2001, 2004, 2006).

Linguagem que diz/fala o quê?

A linguagem humana não se faz no momento de sua aquisição. Bem antes, aliás, uma criança já é dita. Deste dizer que envolve desde a escolha do nome, aos adjetivos que concernem o pensamento sobre seu devir, às possibilidades de sua existência – nem sempre configurações de fala –, um bebê vem a dizer (com o olhar, com o corpo, com os adoecimentos) acerca de seu lugar diante do Outro; no campo do Outro.

Estes primeiros momentos, dos ditos da linguagem, estão contornados pela aposta não anônima, os traços do pertencimento que fazem o campo do Outro diante da criança, acolhendo-a em um colo existencial linguageiro. Ou seja, as palavras proferidas e os ditos a seu respeito, o dizer prévio, recortam-na diante da aposta do Outro que é atravessada pelo desejo inconsciente desse Outro, dando à criança uma existência anterior a seu próprio nascimento.

O recorte da linguagem é feito sobre o organismo, a partir dos significantes (sons do dizer nas palavras). Todavia, o bebê não recebe isto com sentido e organização. Bem ao contrário, estes sons lhe chegam sem significação, como *lalíngua* (lalangue – LACAN, 1982); uma satisfação sem significação. Lacan (1982, p. 190) afirma que a linguagem é uma *"elucubração de saber sobre lalíngua e que o inconsciente é um saber-fazer sobre lalíngua"*.

Estes sons que chegam ao organismo *"ao acaso"* (FREDIANI, 2014, s.p.) são o *acontecimento de corpo*: *"mais aquém do sujeito, instante em que organismo e significante se encontram e se enodam, fixando um modo único e imodificável de gozar do fato de ser um vivente"* (FREDIANI, 2014, s.p.). O gozo destes primeiros momentos está no campo do Outro. Desde este lugar, lalíngua se mistura às situações de cuidado, de alimentação, do cotidiano dos fazeres com um bebê e às satisfações (distensão) e frustrações (aumentos de tensão) que estas situações provocam. Portanto, o bebê só pode se situar aí como assujeitado.

O pertencimento trazido nesta assujeição coloca o bebê como passível de sustentar um dizer; principalmente através do olhar que convoca o outro a olhá-lo. Este olhar traz a marca de ter sido dito (olhado com pertencimento – voto e aposta) e, pois, dizer-se como pertencido do Outro. A este momento, nomeado Alienação (*"o desejo situado no campo do Outro"* – LACAN, 1998, p. 75), correspondem os recobrimentos das ações humanas na direção de um sentido, em que as palavras fazem eco em cada necessidade, revirando-as em pulsão e desejo.

Na Alienação, o traço paranoico da fundação do eu, assentado no narcisismo primário (FREUD, 1914), traz as marcas históricas da família e do entorno de cada um que se desconhece: *o primeiro efeito que aparece da imago no ser humano é um efeito de alienação do sujeito. É no outro que o sujeito se identifica e até se experimenta a princípio"* (LACAN, 1998, p. 182). Pela via do narcisismo, o estranho se torna familiar e o novo membro da família se assemelha ao grupo, como pertencido e representante (CAVALCANTI & ROCHA, 2015).

O Outro "lê" (n)estes ditos de acordo com a aposta de que, no bebê, há um interlocutor para quem fala e a quem se dirige; há alguém que fala no que diz. Sendo dita e dizendo, é que virá a ser autora da linguagem a adquirir, como criança. E, pois, pode entender o mundo à sua volta.

Falar não é tranquilo. As palavras são sempre equivocadas. Não há palavras que deem conta da infinidade de sensações. É sempre por aproximação, por quase conseguir, quase dizer no que se fala. Ou quase falar do que se disse.

A fala é adquirida de acordo com o voto do Outro (repetindo: aposta não anônima), carregado de intenções e sons que se tornam palavras. É do lado da criança que acontece a aquisição de linguagem. Porém, é preciso que alguém receba esta construção e a viabilize, continuando a conversa, rolando os equívocos inevitáveis.

De tudo isso, mais adiante, de dentro da fala, do sentido do encadeamento dos sons, emerge a compreensão do que se profere. Esta compreensão situa a criança para si mesma, apropriando-se, falando de si e dos outros.

Há um paradoxo: ao mesmo tempo em que os sons de lalíngua não têm significação, eles são veiculados pela voz que, por sua entonação, dá sentidos da intenção do Outro. Então, o pertencimento pode ser *apercebido* (SPITZ, 1988) como algo que, imprecisamente, diz no tom do que se fala. Tal como na poesia, a prosódia, a entonação e as sonoridades da língua cumprem uma função senso-determinativa. Quando se ouve um poema é o som que assinala o sentido. Logo, *"os sons, que são traços distintivos da língua, teriam a função de discriminar o sentido"* (FIGUEIREDO, 2017, p. 255).

Este seria somente um dos aspectos da função do som. Outro seria o de determinar o sentido, transpondo o dualismo da língua (significante/ significado, signo/referente, metáfora-substituição/metonímia-contigui- dade). Permitiria a superação da ambiguidade inevitável da homofonia da língua, de acordo com o contexto do enunciado, mas conservando a tensão entre o som e o sentido (FIGUEIREDO, 2017).

Na entonação, veículo dos sons, é da aposta não-anônima que, desde o narcisismo dos pais, indica-se o lugar em que a criança estará situada na trama familiar. O período anterior à aquisição da linguagem deve ser nomeado de *organização significante-libidinal* e o seguinte, do código ver- bal adquirido, de *organização simbólico-linguística* (AMATI-MEHLER et al., 2005) O narcisismo se atualiza nas falas de pertencimento da criança, circunscrevendo-a em sua comunidade, sua história e contexto através do investimento libidinal.

A aquisição da linguagem coloca a criança em dívida simbólica com a cultura, em função do acesso que deve ter ao código comum. Para tanto, há uma passagem basal, do pertencimento à privação deste, em direção ao outro polo da Alienação, a Separação. É da entrada da função paterna no jogo das relações que se permite a entrada na cultura como mais um portador da Lei: *"o ingresso do sujeito no mundo não é gratuito. Sem dívida simbólica não há a constituição de um sujeito desejante"* (HOYER, 2010, p. 40).

O sujeito é efeito da linguagem, cujos significantes introduzem sentidos e mutações; na análise, as interpretações decifram parte destas construções (FREDIANI, 2014). Na clínica psicanalítica dos que (ainda) não falam, é pre- ciso arrimar os esteios de constituição do sujeito; ainda mais agora, com o desmonte dos adultos de sua função como Outro (JERUSALINSKY, 2011).

As crianças e jovens precisam de adultos válidos do manejo da castração, para com estes se embaterem e se aprumarem diante da falta, da ausência das garantias e das inseguranças inevitáveis. Do tempo em seu percurso e da presença que se efetiva até mesmo na ausência, cada um pode vir a ser o que conseguir – fazendo o melhor que puder com o que tiver.

Corpo que fala o que sente

Para bem fazer nos humanos, há um corpo. Por ele, transitam os anseios e há seu uso para que as situações aconteçam. Pensar a respeito disso implica em demarcar a articulação entre os aspectos físico e sensorial. Esta é a perspectiva da Sensório-motricidade. O recurso a este conhecimento permitiu acessar a criança em risco de forma mais precisa.

Em Bullinger (2004, 2006), não há etapas ou fases de desenvolvimento, mas a conquista sensório-motora do bebê de acordo com a coordenação do ambiente, em movimento, em aprendizado e em contraste com a gravidade. A coordenação do ambiente permitirá que o corpo seja o instrumento de base para a construção de representações, através da constituição de espaços – uterino, oral, do busto, do torso, do corpo –, através dos quais a criança comum domina seu ambiente.

Como ambiente, destacam-se os estímulos físicos (fluxos sensoriais) e o humano. Em especial, o ambiente humano que age sobre o bebê e modula e interfere em sua recepção sensorial, auxiliando na *habituação* (reação do organismo à estimulação sensorial estável – BULLINGER, 2001); disso, gradativamente, constroem-se as representações. Das representações, o advento das praxias, as ações humanizadas: comer, vestir, calçar, bem como conversar, pensar e se situar (BULLINGER, 2004, 2006).

A coordenação oferecida pelo ambiente humano pode ser pensada como dupla comutação – de um lado, cada vez que o humano entra em contato com o bebê *"enovela as ações com palavras (marcas auditivas – futuros representantes auditivos, significantes) e é, por si só, uma fonte de estimulação sensorial"* (GOMES-KELLY, 2017, s.p.). E, de outro, investe em ações de cuidado para que o bebê não seja bombardeado por informações sensoriais (que são excessivas, simultâneas e constantes, tal como Freud indica em 1895).

A observação da criança implica uma proposição de cuidados que não venham de um *a priori* normativo. Neste sentido, suas fragilidades, clivagens (esquerda-direita, alto-baixo) e particularidades (investimento tônico-postural) devem evoluir e apoios adaptados devem ser oferecidos. Ou seja, cada criança deve ser pensada em suas próprias condições (BULLINGER, 2006).

Nas crianças em risco, os fluxos sensoriais podem ser recebidos com aversão ou mesmo podem ser modulados em excesso ou em falta pelo ambiente humano, impedindo a habituação. Em uma situação ou em outra, é da identificação dos apoios sensoriais que se pode coordenar de maneira mais eficaz, no sentido da representabilidade. Especificamente para o Projeto Da Criança, este aporte permitiu que se fizessem os apoios necessários para que as habilidades da criança se desenvolvessem e para favorecer o encontro da criança com seus pais, inter-agindo.

Educar, ensinar, ser e estar com o outro

Freud (1930) referiu, com aguda percepção, que estar com o outro só acontece quando cada um paga – com o próprio sofrimento, na carne – o preço da civilização. Esperar, concordar, consentir, ceder são condições para a existência dos humanos entre seus pares.

Em um polo, e em outro – do pertencimento e da castração – o Outro age disposto e disponível para exercer a função que vai permitir a emergência de um sujeito que faz parte do Laço Social; nem mais nem menos especial que qualquer um, responsável por seus atos e por suas falhas, porém, cuidando-se uns dos outros.

Do campo do Outro, da Alienação à Separação, constitui-se alguém que, do lugar de sujeito, pode se situar no jogo social como viável. Isso implica em um longo processo educativo/ensinativo que integra de maneiras infinitamente variáveis a história particular acerca das estratégias para lidar com os limites.

Este longo processo é a humanização que se faz com tempo e presença, eficazmente; não necessariamente eficiente. Ou seja, é preciso errar para que a educação humanize o que, no nascimento, era um tanto de quilos de carne para vir a ser "mais um na multidão".

Por causa das vicissitudes sociais, históricas e econômicas, o terceiro milênio se organiza distanciando as crianças e jovens dos adultos que não agem a partir da função, como Outro. A disponibilidade e a disposição estão terceirizadas em uma infinidade de gadgets – aplicativos, personals, cuidadores, instituições, objetos (eletroeletrônicos) – que funcionam como pseudo-facilitadores do contato entre as crianças e jovens, de um lado, e os adultos de outro. Estes acessórios não são elencados de acordo com a perda/falta do objeto, mas são criados e mantidos na esteira da adição e da compulsão, aplacam a angústia em excessos sensoriais e são palpáveis e imediatos (LEBRUN, 2008).

Nesta nova conformação social, vê-se um *"um mundo em que inexiste o semelhante – povoado de rostos imóveis e inescrutáveis, sem expressão, sem afeto, congelados"* (CAVALCANTI & ROCHA, 2015, p. 19). Neste mundo imediato, não acontece a passagem do tempo e a fruição cabível que transpõe do "Agora, não" para "Depois", do princípio de prazer ao princípio de realidade (FREUD, 1911).

Na lida cotidiana, o exercício (de tempo e presença) parece difícil, trabalhoso, impossível. A dificuldade dos adultos educadores seria o sinal de *renúncia educativa*. Os adultos veem, na criança, a promessa realizada e idealizada: cada criança seria a certeza de, no futuro, ser eles mesmos, melhorados. De tão idealizada, esta criança não entraria para a complexidade de sua família como alguém assujeitada ao processo de vir a ser si mesma, em que a castração (de)limita o acesso dos adultos e relativiza as possibilidades de projeção narcísica (KAMERS, 2017).

Nem assujeitada, nem convocada para participar da dívida coletiva, para vir a ser sujeito, desejante, a criança falha consigo e com o outro. Fenômeno já perceptível nas relações cotidianas em que os adolescentes, na primeira etapa da cobrança desta dívida com o coletivo, aparentam não ter repertório ou recursos para dar conta de conquistar seu lugar diante dos outros. A idealização, acima mencionada, impede o ajuste aos traços da família e que a cultura, em sua tradição, tenha seu legado transmitido.

A fragilidade dos pais e dos adultos cuidadores denota um limite às vicissitudes do desejo inconsciente e do circuito pulsional que, impedido em seu dinamismo, move-se em gozo. Não estranhamente, portanto, o autismo se apresentaria como uma amostra disso. Como expressão dessa contemporaneidade, desse *neosujeito* (LEBRUN, 2008): ausência de tempo, isolamento e fuga radical da presença do outro, em que se vive o *"mundo do tempo presente, da instantaneidade do desejo, do invólucro que vale mais que o conteúdo, do corpo que não pode mostrar as marcas do tempo, dos projetos que, quando existem, raramente são comunitários"* (CAVALCANTI & ROCHA, 2015, p. 20).

Reflete-se, então, que, além do risco de constituição do sujeito, há o risco da inflação de gozo e a impossibilidade de Laço Social, para todos, em arranjos grupais sem que se veja um conjunto: *"A causa capitalista não solda os indivíduos entre si, e deixa cada um reduzido a seu corpo, fora do laço"* (SOLER, 2016, p. 16). Este desenlace tem consequências variadas, de ordem subjetiva – solidão, desencanto, decepção, desconfiança – e de ordem objetiva – na precariedade das formas de relação, nas modalidades de trabalho (precarização, por exemplo) e nos posicionamentos.

Diante disso, torna-se urgente conseguir avaliar a primeira infância em seu contexto. Nem tudo é autismo e há outras apresentações do sofrimento psíquico em todas as idades. Mesmo a psicose infantil, quadro de difícil delimitação, começa a ser confundida com o autismo ou mesmo desconhecida, trazendo efeitos deletérios em função das abordagens diferenciadas para uma e outra apresentação (LAURENT, 2014).

Mais importante, talvez, que se possa pensar cada criança, cada situação *para além dos diagnósticos*. Assim, cada caso em seu contexto e cada um em sua possibilidade de ser/estar consigo e com os outros.

Reflexões e articulações do projeto da criança

As crianças atendidas no Projeto Da Criança estariam aquém de um processo importante que é o da constituição do sujeito e, dessa ausência, parte o atendimento delas. Talvez seja descabido indicar algo de fora da linguagem, já que é esta que funda o humano e, como refere Dolto (1999), *tudo é linguagem.* Mas estas crianças chegam de tal forma que pouco do que apresentam permite a construção de sentidos.

O grupo de terapeutas (geralmente três) que acompanha cada criança na presença dos pais/responsáveis busca em cada detalhe de sua emissão uma possibilidade de dito a ser traduzido em fala, em palavra, em frases. Esta composição linguageira é o eixo das atividades com a criança e todos os envolvidos; e, muitas vezes, esta atitude é encarada com estranheza pelos pais que costumam ser silenciosos com a criança e não consideram que, mesmo sem falar, as crianças podem fazer parte da conversa (que se tem com ela ou sobre ela). O encontro deste grupo com os outros profissionais também é visto por estes como fora do previsto, pois tendem a não se comunicar entre eles sobre os casos em atendimento.

A filmagem das sessões permite debates e discussões que alinham os acontecimentos aos conceitos e articula teoria e clínica de forma diferenciada. O posicionamento do Projeto Da Criança quanto à delimitação diagnóstica se faz na direção das possibilidades de viabilidade da criança para ser ensinada a sobreviver (cuidar de si e do outro), a ter autonomia e conquistar sua independência. Mesmo quando um diagnóstico é necessário para a obtenção de benefícios, pais/responsáveis são escutados e se busca enfatizar efeitos possíveis desta nomeação e que é a aposta no vir a ser da criança, como interlocutor, que trará suas possibilidades de avanço. Geralmente, o laudo (seja o que os pais trazem ou o que solicitam) exclui a dimensão de sujeito e a possibilidade de trabalho e nem sempre se consegue resgatar as especificidades da situação.

Inicialmente, observa-se que estas crianças não são ditas pelos adultos, não aparecem adjetivos a seu respeito, muito menos respostas sobre o que estaria causando os problemas da criança. A ausência desta pressuposição faz com que os adultos não recebam suas manifestações como passíveis de sentido e muitas chegam com vários diagnósticos – nomeações externas às suas condições – apresentados por especialistas em consultas de poucos minutos. Os diagnósticos advêm, também, de sites da internet, vizinhos e até cartas anônimas. Mas não dos pais. Isto faz pensar na falha de estabelecimento narcísico, na falha de alocação da criança no pertencimento dos seus.

As ações e condutas desta criança são quase inexpressivas, demandando grande esforço para inseri-las em um contexto, compreendendo-as. Pode-se observar, a partir do já exposto, que tais crianças se apresentam fora do campo do Outro, ausentes do discurso familiar e que a aposta não anônima, fundamental à inscrição da criança no contexto em que vive, não se estabeleceu de alguma forma – entretanto, há algum pertencimento, talvez (des)pertencimento.

Não bastasse esta questão de (des)pertencimento, há a invasão de eletrônicos, televisão, tablets e celulares que tomam o lugar das interações e mediações que deveriam ser feitas por humanos. O ensino de jogos e brincadeiras, mesmo músicas populares para crianças, é feito pelos objetos e de maneira compulsiva. Observa-se grande dificuldade para esperar, angustiar-se e tolerar.

Os pais esperam que seus filhos sejam autônomos absolutos. Como o desenho animado "Dora, a aventureira", os pais acreditam que uma criança sobreviveria sem os humanos – Dora percorre os episódios interagindo com o mapa, a mochila e o macaco. Não estranhamente, é o desenho preferido de muitas das crianças atendidas.

O esvaziamento do contato com o outro, do com-viver, da cultura aparece claramente nestas crianças e o risco de falhas de aprendizagem, de aquisições e, mais importante, da interação que humaniza e veicula, é expressivo. Nas sessões, de uma a três vezes por semana, gradativamente, constroem-se possibilidades de estar com o outro e de fazer com a criança e diante dela que se reproduz nas ações cotidianas, pois os pais veem e participam.

Com isto, da aquisição da linguagem, de hábitos e condutas cotidianas, as trocas sociais trazem problemas antes inexistentes: confronto, birras, resistências, recusas e a necessidade de estar com a criança diante de seu movimento. Por vezes, isso interrompe o trabalho, pois há pais que se incomodam com este contato e preferem práticas terapêuticas que não os envolvam. Mas, na maioria das vezes, isto trouxe transformações significativas de manejo dos problemas diários, com consistência, tempo e presença.

Finalmente, este acompanhamento se faz em uma perspectiva transdisciplinar, em que a Psicanálise é o eixo conceitual consistente que contorna os envolvidos, permite a troca de saberes diversos, o manejo das dúvidas e incertezas. O avanço dos aspectos em atraso nas crianças indica que o fazer humano é sempre diante do outro humano, como *"real sentido da aposta e é esta a possibilidade de ocupar um lugar no laço social, suportando-se e ao outro"* (GOMES-KELLY, 2017, s.p.), cumprindo a portabilidade ética à qual cada um está sujeito para ser, efetivamente, sujeito.

NEM SEMPRE ACABA QUANDO TERMINA!

O fim da escrita não é o fim das perguntas. É o fim das questões que, naquele momento, fizeram-se importantes. Reescrevendo estas linhas, novos pensamentos apareceram e se colocaram. Dentre eles, a ideia de que é necessário rever os pilares da escolarização e as formas de educação nas instituições (família e escola). Sem esta revisão, muito se perderá no sentido da perspectiva operacional da humanização.

Retomar o texto do relatório do Pós-Doutorado, doze anos depois, trouxe muitas outras reflexões. A primeira, de entender como este estudo em dois anos (um ano de elaboração do projeto e o seguinte, de execução e redação do relatório) foi decisivo para me nortear como educadora e como psicanalista.

Algumas discussões sobre a Educação Infantil continuam se apresentando como representantes de uma fome pedagógica ou furor pedagógico, em torno das possibilidades de aperfeiçoamento escolar – material pedagógico, de programas de capacitação de professores e de técnicas lúdicas de pedagogização. Este movimento voraz, por assim dizer, não se limitou a criar a Educação Infantil como um espaço pedagógico, mas parece estar normatizando cada vez mais as condições de seu acontecimento, através de dispositivos de pedagogização, como os descritos quanto ao aperfeiçoamento escolar.

Ao pensar sobre a (psico)pedagogia, esta é uma prática institucionalizada que "encerra" dispositivos de controle social, reproduzindo formas de relação entre as pessoas. Ou seja, pedagogizar se refere a determinada relação com o conhecimento, através da aquisição de conteúdos, a serem ensinados com certa especificidade – método de ensino – que produzem (fabricam) uma forma de subjetividade; mas que falseia, já que advém de fora dos limites da comunidade. Dependendo da escola, nem o conteúdo nem as formas de transmissão são construídas na escola ou pelos educadores, mas vêm de franquias ou métodos preparados alhures.

O complicador é que, para além da interferência da Psicologia na Pedagogia (e vice-versa), há, atualmente, a invasão da Medicina – através de saberes das Neurociências – na Pedagogia e na Psicologia. Ou seja, parafraseando a reflexão foucaultiana, reencontramos dispositivos ultradisciplinares que fazem alianças de aprisionamento do humano, negando-lhe a capacidade de escolha.

Neuro-psicologias/pedagogias/psicopedagogias aparecem como dispositivos que devem orientar cada técnico, independentemente de sua graduação, a dar conta deste aprisionamento e o fazem com várias denominações – diagnósticos – que aí se encerram. Muitos cursos com estas propostas não debatem sobre como fazer com essas crianças e jovens cujos laudos os definem; entretanto, como si mesmos, nada se sabe.

Quando chegamos à Educação Infantil, em que educar é também cuidar, este cuidar é considerado uma parte ínfima do processo. Em algumas escolas, aquele que leva ao banheiro, à escovação de dentes e mesmo acompanha nos recreios é quem não precisa saber do valor que seu papel cumpre para o devir de cada criança que cuida. Os auxiliares de sala parecem ter sido "criados" para estas atividades que estariam fora da pedagogização, fora da educação, ainda que inevitável. Nas reuniões de equipe, os educadores-auxiliares de sala tendem a ser sempre lembrados, quanto à sua importância (o que já indicaria seu pouco valor), mas raramente participam das reuniões com os pais.

Cabe aos educadores-auxiliares cuidar das necessidades básicas da criança e ficar à mão para o "ator principal", o educador infantil. Em algumas escolas de Educação Infantil, começa-se como auxiliar e depois se é promovido a educador infantil. A divisão cuidar/educar seria assim claramente demonstrada.

Uma das metas da Educação Infantil, na atualidade, é a alfabetização. Esta intenção, prospectiva (relativa ao que a criança será, ao seu futuro), condenaria as ações educativas infantis a meras preparações para a glória final da aquisição da língua escrita. Ressaltamos, aqui, a ideia de uma (psico) pedagogização da criança que enfatiza a experiência humana apenas como decorrente da transmissão/aquisição do conhecimento; ou seja, (psico) pedagogizar é ensinar e produzir formas de ensinar; passando ao largo, as experiências consigo, com o próprio corpo e com o outro, como prazerosas e impactantes por si só.

Para esta transmissão, o educador infantil deveria ser um profissional-neutro, "pouco conhecedor de seus próprios caminhos ao cuidar/educar crianças", e mesmo em relação aos sentidos do educar e do pedagogizar. Tais propostas deixariam pouco espaço para a reflexão da subjetividade do educador infantil, por parte dele mesmo. Ou seja, será que ele sabe por que ele está, ali, educando crianças pequenas?

À época do pós-doutorado, havia uma questão que não usei para analisar no relatório, que indica um elemento importante para a compreensão do problema. Eu perguntava às entrevistadas: por que você está na educação infantil? A resposta era quase sempre assim (ou quase assim): porque eu adoro crianças!

Ora, tudo que se gosta, desgosta. Faz parte das convivências detestá-las. Eu me perguntava e tentava pensar com as entrevistadas onde estava o engajamento com o ato mesmo da educação, se o gosto era a tônica.

A educação está para além do investimento narcísico em quem se educa. Mesmo os pais que, como educadores, estão investidos no próprio narcisismo, na própria experiência de como foram educados, mesmo eles precisam ter algum distanciamento para, de amarem seus filhos, amarem educá-los.

Para os educadores infantis, no caso, o deslocamento do narcisismo próprio para o verbo educar traz a articulação ao objeto que, paradoxalmente, ama-se. Mas há tanto amor (leia-se investimento) que se atrela a ele um ato, o de educar. *Ser educador é amar educar*; então, garante-se que se educa qualquer um, independentemente de sua especialidade, facilidade, beleza ou adequação. Em tempos de inclusão (leia-se inserção), amar o que se faz é preponderante a amar para quem se faz.

Educa-se por dever. Aprende-se por direito. Deste enlace de dois lugares, ocupados pelos educadores como função e pelo sujeito em constituição, podem surgir possibilidades de transmissão da Lei. Na proposta dos diagnósticos, tal como indicado, não há condições de singularidade, de posicionamento em relação a si mesmo e ao outro. Nem singularidade, nem sujeito, nem educação. Resta a des-humanização, seres enfileirados para o consumo e a consumição.

É preciso pensar e educar *para além dos diagnósticos*!

REFERÊNCIAS

ABRAMOVICZ, A. e TEBET, G. G. C. Educação Infantil: um balanço a partir do campo das diferenças. *Pro.Posições*. V. 28, Suppl. 1, 2017.

ALBERRO, N. Cuerpo y Psicosomatica. Disponível na internet em: http://www.antroposmoderno.com/antro-articulo.php?id_articulo=374 – consultado em 15 de janeiro de 2005.

ALMEIDA, S. F. C. de. Psicanálise e educação: revendo algumas observações e hipóteses a respeito de uma (im)possível conexão. In: *Colóquio do Lepsi* IP/FE-USP, 3., 2001, São Paulo. Disponível na internet em: http://www.proceedings.scielo.br/scielo.php?script=sci_arttext&pid=MSC0000000032001000300011&lng=en&nrm=abn> – consultado em 08 de dezembro de 2005.

AMATI-MEHLER, J., ARGENTIERI, S. & CANESTRI, J. *A Babel do inconsciente:* língua materna e línguas estrangeiras na dimensão psicanalítica. Rio de Janeiro: Imago, 2005.

ANDREOZZI, M. L. *Dislexia ou outra forma de subjetividade?* Anotações de aula, 2005.

ANJOS, H. P., ANDRADE, E. P. e PEREIRA, M. R. A inclusão escolar do ponto de vista dos professores: o processo de constituição de um discurso. *Revista Brasileira de Educação*. Vol. 14, n. 40, jan./abr. 2009.

ANSERMET, F. *Clínica da origem:* a criança entre a Medicina e a Psicanálise. Rio de Janeiro: Contra Capa Livraria, 2003.

ANTUNES, A. *A quem interessa a BNCC?* Escola Politécnica de Saúde Joaquim Venâncio. Disponível na internet: http://www.epsjv.fiocruz.br/noticias/reporta-gem/a-quem-interessa-a-bncc – 23/11/2017 16h09 – Atualizado em 24/10/2018 12h42, consultado em 28 de outubro de 2018.

APA. *Manual Diagnóstico e Estatístico dos Transtornos Mentais* – DSM III. São Paulo: Manole, 1980.

APA. *Manual Diagnóstico e Estatístico dos Transtornos Mentais* – DSM III-R. São Paulo: Manole, 1987.

APA. *Manual Diagnóstico e Estatístico das Doenças Mentais* – DSM IV. Porto Alegre. Artes Médicas, 1995.

APA. *Manual Diagnóstico e Estatístico dos Transtornos Mentais*. DSM V. Porto Alegre: Artes Médicas, 2014.

ARAÚJO, C. G. de. Formação do professor de Educação Infantil no Distrito Federal. In: *Anais – SimPósio Educação Infantil:* construindo o presente. Brasília. UNESCO Brasil, 2003.

ARCE, A. Compre o kit neoliberal para a educação infantil e ganhe grátis os dez passos para se tornar um professor reflexivo. *Educação & Sociedade*. Ano XXII, n° 74: 251-283, Abril/2001.

ARIÈS, P. *História Social da Criança e da Família*. Rio de Janeiro: Guanabara, 1981.

ASSIS, M. B. A. C. de. Psicanálise e Educação: Passado, Presente, Futuro, Perspectivas. In: OLIVEIRA, M. L. (org.). *Educação e Psicanálise:* história, atualidade e perspectivas. São Paulo: Casa do Psicólogo, 2003.

BACHA, M. N. *A Arte de Formar*. O feminino, o infantil e o epistemológico. Petrópolis: Vozes, 2002a.

BACHA, M. N. A Infância e a Educação: o futuro de uma ilusão. Mesa Redonda. *IV Colóquio LEPSI*. Faculdade de Educação/USP, 2002b. (Anotações pessoais).

BADINTER, E. *Um Amor Conquistado:* O Mito do Amor Materno. Rio de Janeiro: Editora Nova Fronteira, 1985.

BAPTISTA, V. M. F. *O infans, a creche e a psicanálise*. Dissertação (mestrado). São Paulo: Faculdade de Educação. USP, 2003.

BARBOSA, I. G., SILVEIRA, T. A. T. M., SOARES, M. A. e ARRUDA, L. B. A BNCC e a regulação da Educação Infantil: perspectiva crítica. *Fórum Nacional Popular de Educação/ CONAPE 2018*. Disponível na internet: http://www.fnpe.com.br/docs/apresentacao-trabalhos/eixo-01/IVONE_GARCIA_BARBOSA.pdf – consultado em 28 de outubro de 2018.

BARBOSA, L. *Sociedade de Consumo*. Rio de Janeiro: Jorge Zahar Ed., 2004.

BETTS, J. A. *Sociedade de consumo e Toxicomania* – consumir ou não ser. Disponível na internet: http://www.appoa.com.br/uploads/arquivos/revistas/revista26_-_socie-dade_de_consumo_e_toxicomanias.pdf – consultado em 18 de novembro de 2005.

BOTO, C. O desencantamento da criança: entre a Renascença e o Século das Luzes. In: FREITAS, M. C. & KUHLMANN JR., M. *Os Intelectuais na História da Infância*. São Paulo: Cortez, 2002.

BRASIL. Lei no. 8069, 13 jul 1990. *Estatuto da Criança e do Adolescente*. Diário Oficial da União. Brasília, 16 jul 1990.

BRASIL. *Lei sobre o Sistema Único de Saúde (SUS)*. Brasília: Ministério da Saúde, 1990.

BRASIL. Lei no. 9394 dez 1996. *Lei de Diretrizes e Bases da Educação Nacional*. Brasília: MEC, 1996.

BRASIL. *Parâmetros Curriculares Nacionais*. Brasília: MEC/SEF, 1997.

BRASIL. *Subsídios para credenciamento e funcionamento das instituições de Educação Infantil*. Brasília. MEC/SEB, 1998. Volume I. Disponível na internet em http://portal.mec.gov.br/seb/arquivos/pdf/volume_I.pdf – consultado em 04 de janeiro de 2006.

BRASIL. *Referencial curricular nacional para a Educação Infantil*. Brasília. MEC/SEF, 1998. 3 volumes. Disponível na internet em: http://www.mec.gov.br/sef/pdf/volume1.pdf – consultado em 16 de dezembro de 2005.

BRASIL. Ministério da Educação. *Base Nacional Comum Curricular*. Brasília: MEC, 2017. Disponível na internet: http://basenacionalcomum.mec.gov.br/abase – consultado em 20 de outubro de 2018.

BROUSSE, M. H. A fórmula do fantasma? S <> a. In: MILLER, G. (org.). *Lacan*. Rio de Janeiro: Jorge Zahar Editor, 1989.

BULLINGER, A. Les prothèses de rassemblement. *Neuropsychiatrie de l'enfance et de l'adolescence*, 49, 4-8, 2001.

BULLINGER, A. *Le développement sensori-moteur et ses avatars*. Ramonville Saint-Agne: Éditions Erès, 2004.

BULLINGER, A. Approche sensori-motrice des troubles envahissants du déve-loppement, Paris. *Rev. ANECAMPS*. 25:125–39, 2006.

BUCHER, R. "As histórias que ninguém conta". O mito familiar na vida do neurótico. *Psicologia: Teoria e Pesquisa.* 1(1): 7-18, 1985.

CAMARGO, A. C. C. S. *Educar:* uma questão metodológica? Proposições psicanalíticas sobre o ensinar e o aprender. Trabalho Complementar do Curso de Pedagogia. São Paulo: Faculdade de Educação. USP, 2005.

CARNEIRO, M. A. B. A educação infantil, as políticas públicas e o Banco Mundial. *Revista PUC Viva* no. 21. (s.n.t.).

CARVALHO, M. T. V. de. *A Creche:* Um Elemento a mais na Constituição do Sujeito. Dissertação (Mestrado). São Paulo: USP. Psicologia Escolar, 2001.

CAVALCANTI, A. E. & ROCHA, P. S. *Autismo:* construções e desconstruções. São Paulo: Casa do Psicólogo, 2015.

CAVAZZANI, A. L. M. Dos Avestruzes que Põem Ovos: expostos na Vila de Nossa Senhora da Lux dos Pinhais de Curytiba. *XIII Encontro da Associação Brasileira de Estudos Populacionais.* Ouro Preto, MG. 4 a 8 de novembro, 2002. Disponível na internet em: http://www.abep.nepo.unicamp.br/docs/anais/pdf/2002/GT_His_ ST47_Cavazzani_texto.pdf – consultado em 08 de janeiro de 2006.

CERISARA, A. B. O Referencial Curricular Nacional para a Educação Infantil no contexto das reformas. *Educação & Sociedade.* Campinas, vol. 23, n. 80, setembro/2002a, p. 326-345. Disponível em http://www.cedes.unicamp.br

CERISARA, A. B. *Professoras de Educação Infantil:* entre o feminino e o profissional. São Paulo: Cortez, 2002b. (Coleção Questões da Nossa Época, v. 98).

CHAUÍ, M. Laços do Desejo. In: NOVAIS, A. *Desejo.* São Paulo. Companhia das Letras, 1990.

CHEMAMA, R. (org.). *Dicionário de Psicanálise.* Porto Alegre: Artes Médicas, 1995.

CORAZZA, S. M. Construtivismo: que lugar é este? In: CALLIGARIS, C. et al. *Educa-se uma criança?* Porto Alegre: Artes e Ofícios, 1999.

CORAZZA, S. M. *História da Infância sem Fim.* Ijuí, Rio Grande do Sul: Editora UNIJUÍ, 2000.

CORAZZA, S. M. *O que quer um currículo?* Pesquisas Pós-críticas em Educação. Petrópolis: Vozes, 2001.

CRESPIN, G. *À escuta das crianças na educação infantil*. São Paulo: Instituto Langage, 2016.

CRESPO, N. S. *Modernidade e Declínio do pai*. Uma abordagem psicanalítica. Vitória: EDUFES, 2003.

DAVIES, N. The Lula administration and education: State desertion continues? *Educação & Sociedade*. [online]. Apr. 2004, vol.25, no.86 [cited 03 January 2006], pp. 245-252. Disponível na internet: http://www.scielo.br/scielo.php?script=sci_arttext&pid=S0101-73302004000100012&lng=en&nrm=iso – consultado em 20 de janeiro de 2005.

DOLTO, F. *Tudo é Linguagem*. São Paulo: Martins Fontes, 1999.

DUFOUR, D. *A arte de reduzir as cabeças*. Rio de janeiro: Companhia de Freud, 2005.

DUNKER, C. I. L. Uma distinção preliminar a toda teoria da corporeidade em Lacan: paixões e afetos. *Livro Zero Revista de Psicanálise*. v. 1, p. 120-131, 2010.

FARIA, A. L. G. A contribuição dos parques infantis de Mário de Andrade para a construção de uma pedagogia da educação infantil. *Educação & Sociedade*. Ano XX, nº 69: 60-91, Dezembro/1999.

FARIA FILHO, L. M. Instrução elementar do século XIX. In: LOPES, E. M. T.; FARIA FILHO, L. M. & VEIGA, C. G. *500 anos de Educação no Brasil*. Belo Horizonte: Autêntica, 2000. 2ª ed.

FERRANTI, V. O infans, a creche e a psicanálise. In: *COLOQUIO DO LEPSI IP/FE-USP*, 3., 2001, São Paulo. Disponível na internet: http://www.proceedings.scielo.br/scielo.php?script=sci_arttext&pid=MSC0000000032001000300023&lng=en&nrm=abn, – consultado em 29 de outubro de 2005.

FERNANDES, H. R. *Sintoma social e moralização infantil*. São Paulo: Escuta/Edusp, 1994. (Coleção Ensaios: Sociologia e Psicanálise).

FIGUEIREDO, I. P. Saber, verdade e gozo: o muro da linguagem e a função poética. *Ágora*. Vol. XX. No. 22: 443-458, 2017.

FRANCELIN, M. M. Configuração epistemológica da ciência da informação no Brasil em uma perspectiva pós-moderna: análise de periódicos da área. *Ciência da Informação*, Brasília, v. 33, n. 2, p. 49-66, Aug. 2004. Disponível na internet: http://www.scielo.

br/scielo.php?script=sci_arttext&pid=S0100=19652004000200005-&lng=en&nrm-iso – consultado em 26 de Outubro de 2004.

FREDIANI, M. S. Acontecimentos de Corpo. In: MACHADO, O. & RIBERIO, V. L. A. (Orgs.). *Um real para o século XXI*. Belo Horizonte: Scriptum, 2014.

FOUCAULT, M. *Microfísica do Poder*. Rio de Janeiro: Graal, 1986. 6ª ed.

FOUCAULT, M. *História da Sexualidade*. Rio de Janeiro: Zahar, 1988.

FOUCAULT, M. Os intelectuais e o poder – conversa entre Michel Foucault e Gilles Deleuze. In: *Microfísica do poder*. Rio de Janeiro: Graal, 2000.

FOULIN, J. N. e MOUCHON, S. *Psicologia da Educação*. Porto Alegre: Artes Médicas, 2000.

FRASSETO. A. C. Comunicação Pessoal, 2001.

FREUD, S. Projeto para uma Psicologia. In: GABBI JR., O. *Notas a Projeto de uma Psicologia*. Rio de Janeiro: Imago, [1895] 2003.

FREUD, S. Análise de uma fobia em um menino de cinco anos. In: *Obras Psicológicas Completas*. Edição Standard Brasileira: Rio de Janeiro. Imago, [1905], 1980.

FREUD, S. *Formulações sobre os dois princípios do funcionamento mental*. Obras Completas. São Paulo: Companhia das Letras, [1911] 2010.

FREUD, S. *Introdução ao Narcisismo*. Obras Completas. São Paulo: Companhia das Letras, [1914] 2010.

FREUD, S. Artigos sobre Metapsicologia. *Obras Psicológicas Completas*. Edição Standard Brasileira: Rio de janeiro: Imago, [1915] 1980.

FREUD, S. O Estranho. In: *Obras Psicológicas Completas*. Edição Standard Brasileira. Rio de Janeiro: Imago, [1919], 1980.

FREUD, S. Prefácio à juventude desorientada de Aichhorn. In: *Obras Psicológicas Completas*. Edição Standard Brasileira: Rio de Janeiro. Imago, [1925], 1980.

FREUD, S. O Futuro de uma Ilusão. In: *Obras Psicológicas Completas*. Edição Standard Brasileira. Rio de Janeiro: Imago, [1927], 1980.

FREUD, S. Mal-Estar na Civilização. In: *Obras Psicológicas Completas*. Edição Standard Brasileira. Rio de Janeiro: Imago, [1930], 1980.

FREUD, S. Novas Conferências Introdutórias sobre Psicanálise. In: *Obras Psicológicas Completas*. Edição Standard Brasileira. Rio de Janeiro: Imago, [1932], 1980.

GARANHANI, M. C. *A Educação motora no currículo da Educação Infantil da Rede Municipal de Ensino de Curitiba*. Dissertação (mestrado). Curitiba: Universidade Federal do Paraná, 1998.

GASPAR, M. M. L. R. Os impactos do FUNDEB na Educação Infantil brasileira: oferta, qualidade e financiamento. *Evidência*. 6, pp. 121-136, 2010.

GÉLIS, J. A individualização da criança. In: ARIÈS, P. & DUBY, G. *História da Vida Privada*. Da Renascença ao Século das Luzes. São Paulo: Companhia das Letras, 1991. vol. 3.

GHIRALDELLI JR., P. Pedagogia e Infância em tempos neoliberais. In: *Infância, Educação e Neoliberalismo*. São Paulo: Cortez, 2002. (Coleção Questões da Nossa Época, v. 61).

GOMES, R. E. O. Interaction child-working mothers in Brazil: a compilation. *48th Annual Convention of Psychologists*. Tokyo, Japan: International Council of Psychologists, 1990.

GOMES-KELLY, R. E. O. O discurso do amanhã: (im)pertinências do cotidiano familiar acerca das crianças. *V Colóquio Lepsi* – a psicanálise, as instituições e a infância. São Paulo: FEUSP/LEPSI, 2004.

GREEN, A. *O Complexo de Castração*. Rio de Janeiro: Imago, 1991.

HAGE, M. S. C. *Caminhos e descaminhos da Educação Infantil:* dilemas de uma educadora paraense. Dissertação (Mestrado). São Paulo: PUC-SP. Mestrado em Educação: Supervisão e Currículo, 1997.

HOYER, C. *A função paterna:* do individual ao coletivo. Rio de Janeiro: Garamond, 2010.

HUIZINGA, J. *Homo ludens:* o jogo como elemento da cultura. Perspectiva: São Paulo, [1938] 2001.

JERUSALINSKY, A. (1988). *Psicanálise e Desenvolvimento Infantil*. Porto Alegre: Artes Médicas, 1988.

JERUSALINSKY, A. *Para compreender a criança:* chaves psicanalíticas. São Paulo: Editora Instituto Langage, 2011.

KAMERS, M. *Do Universal da Maternagem ao Singular da Função Materna*. Dissertação (Mestrado). São Paulo: USP, Faculdade de Educação, 2005.

KAMERS, M. A fabricação da loucura na infância: psiquiatrização do discurso e medicalização da criança. *Estilos da Clínica*, São Paulo, v. 18, n. 1, p. 153-165, abr. 2013. Disponível na internet: http://pepsic.bvsalud.org/scielo.php?script=sci_arttext&pid=S1415-71282013000100010&lng=pt&nrm=iso – consultado em 29 de abril de 2016.

KAMERS, M. *Seminário do Nepe:* Desafios dos Cuidados à Infância e Adolescência no Século XXI. Poços de Caldas: Nepe, 2017.

KELLY, R. E. O. *Era uma vez... outra vez? Uma reflexão sobre o conceito de fantasma.* Tese (Doutorado). Psicologia Clínica. São Paulo: PUCSP, 1997.

KOHAN, W. O. *Infância*. Entre a Educação e a Filosofia. Belo Horizonte: Autêntica, 2003.

KRAMER, S. *A política do pré-escolar no Brasil.* A arte do disfarce. São Paulo: Cortez, 2003. 7ª. Ed.

KUHLMANN JR., M. Instituições pré-escolares assistencialistas no Brasil (1899-1922). *Cadernos de Pesquisa*, São Paulo (78) 17-26 agosto de 1991.

KUHLMANN JR., M. Educando a infância Brasileira. In: LOPES, E. M. T.; FARIA FILHO, L. M. & VEIGA, C. G. *500 anos de Educação no Brasil*. Belo Horizonte: Autêntica, 2000. 2ª ed.

KUHLMANN JR., M. *Infância e Educação Infantil*. Uma abordagem histórica. Porto Alegre: Ed. Mediação, 2004. 3ª ed.

KUHLMANN JR., M. *Trajetórias das Concepções de Educação Infantil*. Disponível na internet: http://www.omep.org.br/artigos/palestras/05.pdf, consultado em 30 de dezembro de 2005.

KUPFER, M. C. *Freud e a educação:* o mestre do impossível. São Paulo: Scipione, 1989. 3ª ed. 7ª imp.

KUPFER, M. C. *Educação para o futuro.* Psicanálise e Educação. São Paulo: Escuta, 2001. 2ª ed.

LACAN, J. Le stade du miroir comme formateur de la fonction du Je. Telle qu'elle nous est révélée dans l'expérience psychanalytique. In: *Écrits.* Paris : Éditions du Seuil, 1966a.

LACAN, J. Du traitement possible de la psychose. In: *Écrits:* Paris. Éditions du Seuil, 1966b.

LACAN, J. *O Seminário, Livro 20: Mais ainda* (1972/1973). Rio de Janeiro: Zahar, 1982.

LACAN, J. De nossos antecedentes. *Escritos.* Rio de Janeiro: Zahar, 1998.

LACAN, J. *O Seminário, livro 5:* as formações do insconsciente (1957/1958). Rio de Janeiro: Jorge Zahar Editor, 1999.

LACAN, J. Nota sobre a criança. *Outros Escritos.* Rio de Janeiro: Zahar, 2003.

LACAN, J. *Nomes do Pai.* Rio de Janeiro: Jorge Zahar, 2005.

LAJONQUIÈRE, L. de. Epistemologia e Psicanálise: o estatuto do sujeito. *Revista Percurso.* Ano VII (13): 57-63, 1994.

LAJONQUIÈRE, L. de. *Infância e Ilusão (Psico)pedagógica.* Petrópolis: Vozes, 1999.

LAJONQUIÈRE, L. de. Sigmund Freud, a Educação e as Crianças. *Estilos da Clínica.* VII (12): 112-129, 2002.

LAJONQUIÈRE, L. de. A infância que inventamos e as escolas de ontem e de hoje. *Estilos da Clínica.* VIII (15): 140-159, 2003.

LAJONQUIÈRE, L. de. Comunicação Pessoal, 2005.

LAJONQUIÈRE, L. de. Comunicação Pessoal, 2006.

LAPLANCHE, J. O Ego e o Narcisismo. In: SEIXO, M. A. *O Sujeito, o Corpo e a Letra.* Lisboa: Arcádia, 1977.

LAPLANCHE, J. & PONTALIS, J.-B. *Vocabulário da Psicanálise*. São Paulo: Martins Fontes, 1986.

LAURENT, E. *A Batalha do autismo*. Da clínica à política. Rio de Janeiro: Zahar, 2014.

LAZNIK, M. C. *A Hora e a vez do Bebê*. São Paulo: Instituto Langage, 2013.

LEBRUN, J. C. *Um mundo sem lite:* ensaio para uma clínica psicanalítica do social. Rio de Janeiro: Companhia de Freud, 2004.

LEBRUN, J. C. *A perversão comum:* viver juntos sem o outro. Rio de Janeiro: Campo Matêmico, 2008.

LEMOS, F. C. S. A apropriação do brincar como instrumento de disciplina e controle das crianças. *Estudos e Pesquisas em Psicologia*. V. 7, n. 1, 2007.

LÉVI-STRAUSS, C. Introdução à obra de Marcel Mauss. In: MAUSS, M. *Sociologia e Antropologia*. São Paulo: EPU, 1974.

LEVY, D. Psicanálise e Narratividade. *Boletim de Novidades Pulsional*. 7 (60): 39-50, 1994.

LIMA, C. M. de. A "relação" psicanálise / educação no tratamento de crianças com impasses na constituição da subjetividade. In: *Colóquio do LEPSI IP/FE-USP*, 3, 2001, São Paulo. Disponível na internet em: http://www.proceedings.scielo.br/scielo.php?script=sci_arttext&pid=MSC0000000032001000300021&lng=es&nrm=abn – consultado em 25 de março de 2005.

LIMA, C. M. de. Psychoanalysis application to education: the beginning of a failure. In: *Colóquio do LEPSI IP/FE-USP*, 4, 2002, São Paulo. Disponível na internet: htpp://www.proceedings.scielo.br/scielo.php?script=sci_arttext&pid=MSC0000000032002000400005&lng=en&nrm=abn> – consultado em 25 de março de 2005.

LISONDO, A. B. D. de. No fim do milênio: por que é cada vez mais difícil aprender? In: OLIVEIRA, M. L. (org.). *Educação e Psicanálise:* história, atualidade e perspectivas. São Paulo: Casa do Psicólogo, 2003.

LOPES, E. M. T.; FARIA FILHO, L. M. & VEIGA, C. G. *500 anos de Educação no Brasil*. Belo Horizonte: Autêntica, 2000. 2ª ed.

LYOTARD, J. F. *O pós-moderno*. Rio de Janeiro: José Olympio, 1986.

MANNONI, M. *Educação Impossível*. Rio de Janeiro: Francisco Alves, 1988.

MANNONI, M. *Um saber que não se sabe*. A experiência analítica. Campinas: Papirus, 1989.

MARRACH, S. A. Neoliberalismo e Educação. In: GHIRALDELLI, Jr., P. (Org.). *Infância, Educação e Neoliberalismo*. São Paulo: Cortez, 2002. (Coleção Questões da Nossa Época, v. 61).

MARIOTTO, R. M. M. *Cuidar, Educar e Prevenir:* as funções da creche na subjetivação De bebês. São Paulo: FAPESP/Escuta, 2009.

MEIHY, J. C. G. B. *Manual de História Oral*. São Paulo: Edições Loyola, 2000. 3ª ed.

MÉSZÁROS, I. *Para além do capital*. São Paulo: Boitempo Editorial, 2005.

MEZAN, R. *Interfaces da Psicanálise*. São Paulo: Companhia das Letras, 2002.

MILLER, J. A. Biologia lacaniana e acontecimentos de corpo. In: *Opção Lacaniana*. Revista Brasileira Internacional de Psicanálise (41): 7-67, 2004.

MILLOT, C. *Freud Antipedagogo*. Rio de Janeiro: Zahar, 1987.

NARODOWSKI, M. *Infância e Poder:* conformação da pedagogia moderna. Bragança Paulista: Editora da Universidade São Francisco, 2001.

OLIVEIRA, M. L. M. L. B. *Infância e Historicidade*. Tese (Doutorado). São Paulo: PUCSP, Filosofia da Educação, 1989.

OLIVEIRA, Z. M. R. et al. *Creches:* crianças, faz de conta & cia. Petrópolis: Vozes, 1992.

ORLANDI, E. P. *Análise de Discurso*. Princípios e Procedimentos. Campinas: Pontes, 1999.

PAIVA, J. M. Educação Jesuítica no Brasil Colonial. In: LOPES, E. M. T.; FARIA FILHO, L. M. & VEIGA, C. G. *500 anos de Educação no Brasil*. Belo Horizonte: Autêntica, 2000. 2ª ed.

PÊCHEUX, M. *O Discurso – Estrutura ou acontecimento?* Campinas: Pontes, 1990.

PLAISANCE, E. For an early childhood sociology. *Educação & Sociedade*. [online]. Apr. 2004, vol. 25, no. 86, pp. 221-241. Disponível na internet: http://www.scielo.br/scielo.php?script=sci_arttext&pid=S0101- 73302004000100011&lng=en&nrm=iso – consultado em 06 de fevereiro de 2006.

PROJETO Leitura e Escrita na Educação Infantil (MEC/SEB/COEDI, UFMG, UFRJ e UNIRIO). *Posicionamento do projeto leitura e escrita na educação Infantil em relação à terceira versão da BNCC.* Abril de 2017. Disponível na internet: https://avaliacaoeducacional.files.wordpress.com/2017/04/vf-posicao-do-projetoleitura-e-escrita-na-ei-sobre-bncc-vf.pdf – consultado em 28 de outubro de 2018.

QUINET, A. Clínica da Psicose. *Seminários da Clínica Freudiana.* 2. Salvador: Fator, 1986.

RADEL, D. C. A medicalização da infância e a destituição do saber da professora: uma leitura psicanalítica. In: ORNELLAS, L. *Desafios da subjetividade frente às vicissitudes contemporâneas:* práticas psicanalíticas. São Paulo: Instituto Langage, 2018.

REVEL, J.; RANUM, O.; FLANDRIN, J.-L.; GÉLIS, J.; FOISIL, M. & GOULEMOT, J. M. Formas da Privatização. In: ARIÈS, P. & DUBY, G. *História da Vida Privada.* Da Renascença ao Século das Luzes. São Paulo: Companhia das Letras, 1991. Vol. 3.

REZENDE, T. C. & SÁ, V. R. G. *Infância, liberdade e acolhimento.* São Paulo: Summus Editorial, 2018.

ROUDINESCO, E. *Jacques Lacan: esboço de uma vida, história de um sistema de pensamento.* São Paulo: Companhia das Letras, 1994.

ROUDINESCO, E. *Por que a psicanálise?* Rio de Janeiro: Jorge Zahar, 2000.

ROUDINESCO, E. *A família em desordem.* Rio de Janeiro: Jorge Zahar, 2003.

ROUSSEAU, J. J. *Emílio ou da educação.* São Paulo: Difusão Europeia do Livro, 1973.

SAINT-GEORGES, C. et al. Sinais precoces do autismo: De onde vêm? Para onde vão? In: BUSNEL, M. C. & MELGAÇO, R. G. *O bebê e as palavras – uma visão transdisciplinar sobre o bebê.* São Paulo: Editora Instituto Langage, 2013.

SANTANA, S. S. da S. *A creche sob a ótica da criança.* Feira de Santana: Universidade Estadual de Feira de Santana, UFES, 1998.

SANTOS, J. F. O que é Pós-Moderno. São Paulo: Brasiliense, 2000.

SELAIBE, M. Entre o corpo e a palavra. *Psychê.* Ano VIII (13): 33-41, 2004.

SOLER, C. *Lacan, o Inconsciente Reinventado.* Rio de Janeiro: Cia de Freud, 2012.

SOLER, C. *O que faz laço?* São Paulo: Escuta, 2016.

SHRIVER, L. *Precisamos falar sobre Kevin.* Rio de Janeiro: Intrínseca, 2007.

SOUSA, M. F. G. de. A Formação do Professor de Educação Infantil no Distrito Federal. Dos pressupostos à prática pedagógica. In: *Anais – SimPósio Educação Infantil:* construindo o presente. Brasília. UNESCO Brasil, 2003.

SPITZ, R. A. *O primeiro ano de vida.* São Paulo: Martins Fontes, [1945] 1988.

STAINBACK, S. & STAINBACK, W. *Inclusão:* um guia para educadores. Porto Alegre: Artmed Editora, 1999.

UNESCO. *Declaração Mundial sobre Educação para Todos*: satisfação das necessidades básicas de aprendizagem. Jomtien, Tailândia, 1990.

VASCONCELOS, T. *Educação de Infância em Portugal:* perspectivas de desenvolvimento num quadro de pós-modernidade. Disponível na internet em: http://www.spzcentro.pt/pdf/sectores_ensino/ensino_preescolar/educa_infancia%20.pdf – consultado em 20 de dezembro de 2005.

VIDIGAL, C. O que agita o corpo não é fácil dizer: caso de uma criança agitada, voraz e agressiva, que põe em questão o diagnóstico e a medicação. In: SANTIAGO, A. L. & MEZÊNCIO, M. *A Psicanálise do hiperativo e do desatento... com Lacan.* Belo Horizonte: Instituto de Psicanálise e Saúde Mental de Minas Gerais/ Scriptum, 2013.

VORCARO, A. O saber "insabido" da criança. *Anais do IV Colóquio do LEPSI.* Os adultos, seus saberes e a infância. São Paulo: LEPSI/IP-FE – USP, 2004.

WACHOWSKI, A. e WACHOWSKI, L. *Matrix.* Disponível em: www.whatisthe-matrix.com, 1999 – consultado em 12 de outubro de 2018.

WAJNTAL, M. *As manifestações precoces da psicopatologia do contato afetivo.* Um estudo da instauração do aparelho psíquico e do corpo. Dissertação (mestrado). Psicologia Clínica. São Paulo: PUCSP, 2000.

WHO/OMS. *Classificação de Transtornos Mentais e de Comportamento da CID 10.* Porto Alegre: Artes Médicas, 1993.

WHO/OMS. *ICD-11 for Mortality and Morbidity Statistics.* Disponível na internet: https://icd.who.int/browse11/l-m/en#/?view=G0 – consultado em 12 de outubro de 2018.